PIEMME **BESTSELLER**

Antonio Socci

Mistero Medjugorje

PIEMME **BESTSELLER**

Chi volesse maggiori informazioni sul libro e sull'Autore può visitare il sito www.antoniosocci.it

I Edizione Piemme Bestseller, aprile 2008

© 2005 - EDIZIONI PIEMME Spa
   20145 Milano - Via Tiziano, 32
   info@edizpiemme.it - www.edizpiemme.it

Anno 2010-2011 - Edizione 9 10 11 12 13 14 15 16

Stampa: Mondadori Printing S.p.A. - Stabilimento NSM - Cles (Trento)

*Ad Alessandra
per la sua pazienza*

*A Milenko e Krizan
per la loro amicizia*

Ringraziamenti e sigle dei libri più citati

Questo libro, insieme a notizie e informazioni reperite direttamente sul posto o altrove, si avvale della letteratura che, nel corso di questi 23 anni, ha raccolto e diffuso dati e testimonianze sui fatti di Medjugorje. Un lavoro prezioso di cui ringrazio personalmente e che ritengo sarà utilissimo a chiunque, in futuro, vorrà ricostruire i fatti storici di cui si tratta. Qui di seguito riporto solo le fonti a cui ho più attinto e che più spesso, in questa mia inchiesta, cito e, per rendere agevole la lettura e la redazione delle note, le indico con una sigla abbreviata.

LR   René Laurentin - Ljudevit Rupcic, *La Vergine appare a Medjugorje?*, Queriniana, Brescia 1984.

L1   René Laurentin, *13 anni di apparizioni*, Edizioni Segno, Treviso 1995.

L2   René Laurentin, *12 anni di apparizioni*, Edizioni Segno, Treviso 1993.

L3   René Laurentin, *Il segno dell'amore di Dio*, Edizioni Segno, Treviso 1997.

L4   René Laurentin, *Medjugorje. Testamento*, Edizioni Segno, Treviso 2001.

MVZ Mirjana S. Vasilj-Zuccarini, *Maria chiama da Medjugorje*, Mimep Docete, Milano 2001.

CS   Riccardo Caniato - Vincenzo Sansonetti, *Maria, alba del terzo millennio*, Edizioni Ares, Milano 2001.

Ma   Marija Pavlovic (libro intervista curato da padre Livio Fanzaga), *La Madonna ci insegna a pregare*, Shalom, Jesi 2001.

Mi   Mirjana (libro intervista curato da padre Livio Fanzaga), *La Madonna prepara per il mondo un futuro di pace*, Shalom, Jesi 2002.

Ja   Jakov Colo (libro intervista curato da padre Livio Fanzaga), *La mia giovinezza con la Madonna*, Shalom, Jesi 2000.

LF1   Padre Livio Fanzaga, *Perché credo a Medjugorje*, SugarCo edizioni, Varese 2003.

LF2   Padre Livio Fanzaga, *La Donna e il Drago,* SugarCo edizioni, Varese 2002.

LF3   Padre Livio Fanzaga, *L'avvenimento del secolo. La Madonna si è fermata a Medjugorje*, SugarCo edizioni, Varese 2004.

VB   Janko Bubalo-Vicka, *Mille incontri con la Madonna*, Edizioni Messaggero Padova, Padova 1998.

Sp   Gildo Spaziante, *Cielo aperto. Medjugorje*, Mimep Docete, Milano 1985.

Sento il dovere di ringraziare anche il sito internet del santuario di Medjugorje (www.medjugorje.hr), il Centro di informazione «Mir» di Medjugorje, inoltre *L'Eco di Medjugorje* ed *Echo de Medjugorje* per le loro preziose notizie e interviste che per comodità citiamo spesso dai libri in cui sono riportate, in particolare dai volumi annuali di padre Laurentin che le propone citando la fonte.

Un ringraziamento speciale per la loro disponibilità alle mie richieste di informazioni e chiarimenti, infine, va a padre Livio Fanzaga, padre Jozo Zovko, Krizan Brekalo, Milenko Vasilj, Diego Manetti e Lia Trancanelli. Infine voglio ringraziare per la paziente disponibilità e la simpatia Mirjana, Ivan, Marija, Vicka e – anche se non ho potuto incontrare loro due – Jakov e Ivanka.

Introduzione

Cosa sta accadendo a Medjugorje? È una misteriosa vicenda iniziata alle 17,45 di mercoledì 24 giugno 1981. Si crede in genere di saperne quanto basta, ma non è così. La maggior parte ignora, per esempio, che oggi questa storia è tutt'altro che conclusa, anzi pare sia solo agli inizi perché promette sviluppi sconvolgenti proprio nei prossimi anni.

Medjugorje (pronuncia: Megiugorie), paesino dell'Erzegovina sperduto e sconosciuto a tutti, è diventato uno dei luoghi più visitati della terra. Solo dal 1981 al 1990 venti milioni di persone sono andate là pellegrine, nonostante le difficoltà del viaggio, i problemi (a quel tempo) del regime e l'assenza di pellegrinaggi ufficiali. Vittorio Messori ha definito questo fenomeno come «il maggior movimento di masse cattoliche del postconcilio»[1] (ma in realtà l'afflusso non si è limitato ai cattolici: è arrivata là gente di tutti i tipi). Tanto che il Papa avrebbe detto a un vescovo: «Medjugorje è il centro spirituale del mondo»[2].

Ma davvero una giovane donna bellissima, che afferma di essere la madre di Cristo, appare ogni giorno da 23 anni a sei ragazzi di questo villaggio? E cosa accade nel corso di

---

[1] Vittorio Messori-Rino Cammilleri, *Gli occhi di Maria*, Rizzoli, p. 243.

[2] Lo ha riferito monsignor Sebastião Murilo Krieger, ex vescovo di Florianopolis, in Brasile, che incontrò il Pontefice il 24 febbraio 1990, prima di andare per la quarta volta in pellegrinaggio nel paese dell'Erzegovina.

queste apparizioni? Che si sa dei «dieci segreti» che sarebbero stati consegnati ai veggenti e che riguardano il destino del mondo nei prossimi anni? Si tratta di «segreti» analoghi a quelli di Fatima?

I vescovi dell'Oceano Indiano che il 24 novembre 1993 furono ricevuti dal Papa e s'intrattennero con lui a cena, riferirono in seguito che la conversazione finì un certo momento su Medjugorje e il Santo Padre avrebbe detto: «Questi messaggi sono la chiave per comprendere ciò che avviene e ciò che avverrà nel mondo». Secondo padre Livio Fanzaga, direttore di Radio Maria e autore di molti importanti libri su Medjugorje, la gravità di ciò che si annuncia in quei segreti, insieme all'appello accorato alla conversione, è l'unica spiegazione possibile di un fatto così eccezionale come la permanenza quotidiana sulla terra della Madonna per più di 23 anni.

Dunque da Medjugorje arriva qualcosa di enorme e di decisivo per il nostro futuro prossimo e remoto, oppure – come affermano alcuni – siamo di fronte al più grande imbroglio della storia cristiana? È possibile inventare e far crescere una truffa di tali dimensioni planetarie?

Sono andato, con queste domande in testa, a vedere, a indagare, per capire. Innanzitutto ho tentato, per quanto possibile, di ricostruire i fatti degli inizi, giorno per giorno, secondo le testimonianze (ricchissime di particolari, essendo tutti i protagonisti viventi, ma molto spesso imprecise e contraddittorie nei dettagli temporali, come accade normalmente quando tanta gente si trova contemporaneamente al centro di eventi molteplici e travolgenti e poi riferisce ciò che ricorda). Ho provato a fare una ricostruzione come una normale inchiesta giornalistica, cioè dando credito ai testimoni.

Poi ho proseguito chiedendomi se la storia è attendibile e i testimoni sono credibili, ovvero se ci sono indizi seri che accade loro davvero qualcosa di soprannaturale: il responso della scienza in proposito è impressionante.

Infine mi sono domandato quale sia il senso di tutto, il disegno, la trama segreta. E soprattutto ho cercato di capire cosa potrà accadere di qui a poco: non a Medjugorje, ma al mondo, a tutti noi. Se veramente un pericolo mortale ci sovrasta.

Naturalmente questo è solo un contributo imperfetto alla scoperta della verità. Non voglio convincere nessuno di nulla perché io stesso ho iniziato questo viaggio senza certezze precostituite, aperto a ciò che avrei trovato, qualunque verità fosse. Tantissime cose non hanno potuto trovar posto in questo libro. Ho tralasciato molti aspetti anche importanti per concentrarmi sull'essenziale. Ci sono cose che a me sono sembrate incomprensibili e controverse e aspetti sconcertanti (così come trovo egualmente sconcertanti alcuni dettagli delle apparizioni di Fatima, Lourdes o La Salette), ma mi interessava indagare soprattutto su una cosa: la Madonna è veramente apparsa e sta tuttora apparendo a Medjugorje? Ed eventualmente perché? Con quale missione? Cosa dobbiamo aspettarci e cosa dobbiamo fare?

Ciò che ho scoperto ha sorpreso e impressionato me per primo: il mondo, tutta l'umanità, è in pericolo, un pericolo mai vissuto dal genere umano nella sua storia, un pericolo che neanche riusciamo a immaginare e che è imminente. Certo, si può non credere a questo prezioso avvertimento preventivo. Forse è perfino logico liquidare il tutto con un sorriso scettico. Ma se l'apparizione di Medjugorje e quell'accorato appello a mettersi in salvo sono autentici?

A.S.

PARTE PRIMA

L'INDAGINE
Cosa veramente accade a Medjugorje?

«Ma proprio, a volte, nel momento in cui tutto sembra perduto giunge l'avvertimento che può salvarci...»

MARCEL PROUST*

---

* Il brano, dal *Tempo ritrovato*, è seguito da queste righe: «Abbiamo bussato a tutte le porte che non danno su niente, e la sola attraverso la quale si può entrare, e che avremmo cercato invano per cento anni, l'urtiamo senza saperlo, e si apre».

Capitolo 1
Erzegovina, mercoledì 24 giugno 1981

Bijakovici, frazione di Medjugorje, comune di Citluk, provincia di Mostar. Ore 17,40. «Sveglia! Svegliati Vicka, corri dormigliona, o farai tardi a scuola!». Grida così Zdenka verso sua sorella che apre gli occhi di soprassalto. Ma è un caldo pomeriggio di giugno e le scuole sono chiuse. Zdenka se la spassa, divertita dal suo scherzo e anche la sedicenne Vicka, il bersaglio della burlona, scoppia a ridere. Protesta di non essere una dormigliona: il fatto è che le ripetizioni di matematica del mattino e poi il viaggio di ritorno da Mostar, in quel pullman affollato e caldissimo, l'hanno spossata. E comunque meno male che Zdenka l'ha svegliata perché deve andare a fare una passeggiata con Ivanka e Mirjana ed è in gran ritardo. Le hanno lasciato un messaggio: «Quando ti svegli vieni da Jakov. Siamo lì».

Vicka esce di corsa, con la sua solita allegria addosso e vola verso quella casa, ma la madre di Jakov, la signora Jaka Colo, zia di Mirjana, le dice: «No, Vicka, non sono più qui, si sono già incamminate. Mi hanno detto che devi raggiungerle: hanno preso la strada sterrata che va verso le case dei Cilici». «Grazie, le seguo subito», risponde Vicka.

Lei è di questo piccolo villaggio. Le sue due amiche hanno qui a Bijakovici le radici familiari, ma finora hanno vissuto altrove. Mirjana, sedici anni, bionda, occhi azzurri, è di Sarajevo, dove frequenta il liceo e abita con i genitori e un fratello: viene qua in campagna dai nonni per trascorrere le vacanze estive. Ivanka, quindici anni, alta, un volto bello e dolce, capelli lunghi, abitava a Mostar fino a due mesi fa, quando è morta all'improvviso la sua giovane madre Jagoda, cosicché lei è dovuta venire a vivere dalla nonna, con il fratello più grande e la sorella più piccola, perché il padre Ivan, operaio, è emigrante in Germania.

Dunque Vicka – un sorriso solare e un temperamento ilare – fatti 200-300 metri a passo svelto scorge subito, un po' più avanti, le sue amiche. Sono con la piccola Milka, la figlia di Filippo Pavlovic. Ma – che strano – stanno ferme sul ciglio della strada. Tutte e tre fissano intensamente qualcosa e sembrano fortemente impaurite. Arrivata ad alcuni metri di distanza Vicka sta per chiedere loro: «Ma che state guardando?». Non fa in tempo a pronunciare queste parole che realizza: devono aver visto una vipera (lì sul Podbrdo è sempre pieno). Milka però la scorge e le grida: «Sbrigati! Vieni a vedere: c'è la Madonna!».

In poche frazioni di secondo, Vicka terrorizzata schizza via e per scappare più velocemente lascia pure le scarpe. Però, mentre corre a tutta velocità per la paura, si rende conto di ciò che le tre amiche le hanno detto. «La Madonna?». Si ferma, scoppia a piangere, un po' frastornata, chiedendosi perché mai si sono messe a scherzare così, con quella battuta stupida sulla Vergine, per prendere in giro la povera Vicka. È arrabbiata e confusa. Non sa che fare. Riflette: «Non dicono mai cose blasfeme, non sarebbero nemmeno capaci di essere così volgari».

In quel momento stanno passando due ragazzi, Ivan Ivankovic e Ivan Dragicevic. Portano dei sacchetti pieni di mele: «Vicka, vuoi una mela? Sono buone, assaggiale». Vicka appena li vede – infischiandosene delle mele – urla: «Venite a vedere: la Madonna!». Il più giovane dei due Ivan dice all'altro: «Lascia stare, questa è pazza, non sa neanche cosa dice...».

Ma la ragazza li implora, con le lacrime agli occhi, di accompagnarla lassù dalle sue amiche. Si raccomanda: «Ivan accompagnami, ti prego. Non la vedremo, ma andiamo lo stesso».

Si mettono a camminare tutti e tre a passo spedito. I due ragazzi sono un po' interdetti da questa storia, ma vogliono mostrarsi sicuri di sé e tranquilli. Trovano le ragazze ancora incantate che appena si accorgono che Vicka è tornata con i due accompagnatori indicano loro dove guardare.

Adesso tutti la vedono, è proprio all'inizio della collina, saranno duecento metri: è una giovane donna, ha un bimbo in braccio e una corona sulla testa e fa cenno di avvicinarsi. I due ragazzi terrorizzati buttano i sacchetti con le mele, scavalcano il recinto e fuggono via di gran carriera. Le ragazze, stavolta con Vicka sbalordita ed estasiata, restano lì a guardare una meravigliosa giovinetta che continuamente copre e scopre il bimbo che ha in braccio, facendo cenno di avvicinarsi. «Ci chiama... chi va da Lei?», sussurra qualcuna delle ragazze. Ma nessuno ha il coraggio di fare un passo avanti. Non sanno che fare, che pensare. Così, dopo qualche minuto, la giovane donna scompare[1].

Le quattro studentesse sgomente e piene di meraviglia si voltano l'una verso l'altra. Ivanka è certa che si sia trattato della Madonna.

In effetti quel velo sulla testa, la corona, il bambino, i piedi su quella nuvoletta, sollevata da terra... Ma sono tutte sbalordite. Nessuno di loro ha mai sentito dire che la Madonna appaia sulla terra e che appaia così (sono cresciute sotto un regime comunista e non hanno mai sentito parlare nemmeno in casa, dove pure si prega, di Lourdes o di Fatima). Lo stupore e il terrore tuttavia convivono con un incontenibile entusiasmo.

Sono circa le 18. Vicka di nuovo scappa via di corsa segui-

---

[1] Cfr. VB, pp. 17-19.

ta da Milka. Mirjana dice a Ivanka: «Chissà che cosa succede. Forse è meglio che scappiamo anche noi». Non ha neanche finito di pronunciare queste parole che già stanno correndo verso il paese. Tutte col fiatone e il cuore che scoppia per l'emozione.

Vicka e Milka entrano di corsa in casa di quest'ultima e investono la madre con il racconto di quello che hanno visto sul Podbrdo. Poi Vicka va a casa sua e scarica la sua fortissima emozione con un pianto liberatorio, distesa sul divano. Anche Mirjana, di solito molto seria e controllata, ha il cuore in subbuglio, non riesce a contenersi, ha bisogno di dire a tutti quello che le è capitato. Corre verso la casa dei nonni e degli zii, entra dai vicini. Trova due ragazzette davanti alla televisione e le investe: «Abbiamo visto la Madonna! Era sul Podbrdo, noi eravamo per la strada che va verso il monte Crnica e l'abbiamo vista!».

Le due ragazze ammutolite spengono la tv, ascoltano il racconto di Mirjana, una di loro, Jela, corre a chiamare la madre.

Poi Mirjana arriva a casa dei suoi. E qui ripete ancora alla zia ciò che è accaduto pochi minuti fa sulla collina. La donna è perplessa davanti alle sue parole. Le sembra tutto incredibile, ma d'altra parte conosce Mirjana. Sa che è sempre stata una ragazza particolarmente seria, matura, razionale, affidabile. Non sa che dirle. Così prende il telefono e chiama sua sorella, la madre di Mirjana, a Sarajevo. «Milena, ti devo dire una cosa, ma non so come spiegarti». La donna, all'altro capo del filo, si sente piegare le gambe temendo qualche disgrazia; afferra una sedia e si mette a sedere. La zia riprende: «Mirjana è qui e dice di aver visto la Madonna. Sul Podbrdo».

La donna, dall'altro capo del filo, ha qualche attimo di esitazione. Poi chiede alla sorella: «Ma in che stato è Mirjana? Ti sembra normale oppure dà segni di squilibrio?». La zia risponde: «Beh, mi sembra normale, come sempre». «Allora», riprende la madre, «dev'essere accaduto veramente qualcosa.

Io conosco mia figlia e lei non è una che s'inventa delle bugie: specialmente su queste cose non scherza»[2].

Questa sera a Bijakovici non si parlerà d'altro. Decine di volte le ragazze ripetono cosa e come è accaduto. A casa di Milka torna anche sua sorella maggiore, Marija, che nel pomeriggio è andata a una festa di amici, in un paese vicino. Trova un'incredibile confusione. Tutti parlano di questa faccenda. Molti ne ridono, altri ci credono e chiedono perché mai le ragazze dovrebbero inventarsi una cosa simile. Marija resta molto impressionata dal racconto della sua sorellina, che non ritiene una capace di mentire così spudoratamente (e poi su cose simili).

I fatti vengono riferiti per filo e per segno. Tutto è cominciato poco prima che Mirjana e Ivanka fossero raggiunte da Vicka. Ecco cosa era accaduto. Le due amiche camminavano parlando delle piccole cose delle adolescenti. A un certo punto Ivanka si volta verso la collina: vede qualcosa che brilla e – mentre Mirjana continua a camminare – si sofferma un attimo per fissare meglio lo sguardo, così si accorge di quella figura. Sorpresa e incantata dice, quasi fra sé: «Ma quella è la Madonna!». La studentessa di Sarajevo segue piuttosto i suoi pensieri e tira diritto: «Eh sì, figurati, ora la Madonna non ha altro da fare che venire a vedere cosa facciamo noi».

Razionale e seria, Mirjana neanche si è voltata: pensa che Ivanka abbia scorto in lontananza una abitante di Bijakovici che magari sta pascolando delle capre, e l'abbia scambiata, chissà perché, per la Madonna. E poi trova quasi irrispettoso parlar così della Madonna. Non le passa neanche per la mente che lei, che sta in cielo, possa apparire sulla terra, oltretutto lì, a loro. Nessuno mai le ha parlato di apparizioni della Vergine. Per lei è semplicemente assurdo. Neanche ammette l'idea.

---

[2] Cfr. MVZ, pp. 42-43.

Ivanka riprende a camminare dietro a Mirjana, la segue silenziosa, ma ancora piena di meraviglia e di interrogativi. Pensa di essersi sbagliata o immaginata tutto, ma non riesce a togliersi dalla testa quella figura. Scendendo verso le case le due adolescenti si imbattono in una ragazzina del paese, Milka Pavlovic, che chiede il loro aiuto: «Venite, per favore, ad aiutarmi a riprendere le pecore?». A questo punto Ivanka implora le due ragazze di tornare con lei in quel punto della strada, a vedere se c'è ancora quella che lei ha chiamato «la Madonna». Arrivate lì Ivanka dice concitata: «Guardate! In quel punto, lassù sulla collina. È veramente la Madonna!». Ora tutte e tre vedono quella giovane donna e restano lì imbambolate. Mirjana si accorge che c'è qualcosa di strano: la ragazza indossa un abito lungo non della nostra epoca, ha un velo in testa e poi sta, con un bimbo piccolo, su una collinetta piena di sassi, spine e vipere dove non sale mai nessuno. E infine il suo aspetto. Sembra sospesa nell'aria, ha una corona sulla testa. Restano ammutolite. E tacciono le ragazze col cuore in tumulto, pieno di emozioni contraddittorie che vanno dall'entusiasmo alla paura. Finché – come abbiamo detto – arriva Vicka (abbiamo già visto cosa è accaduto dal momento del suo arrivo).

Tutta questa storia la sera del mercoledì 24 giugno a Bijakovici passa di bocca in bocca, viene raccontata e ripetuta decine di volte: nelle case, sulla strettissima stradina che corre in mezzo alle abitazioni, nei cortili, nelle stalle, negli orti. E tutti dicono la loro. I familiari dei ragazzi, un po' sgomenti e disorientati, cercano di calmarli e convincerli a non pensarci più, ritenendo quasi irrispettosa verso la religione questa vicenda. Qualcuno pensa che i ragazzi non mentano e, sia pure con molta meraviglia, crede al loro racconto. Ma la maggior parte ironizza: sarà stato un ufo («perché non l'avete acchiappato?»), sarà stato un fantasma, sarà stato qualcuno che voleva fare uno scherzo. Anche fra i parenti le reazioni sono queste.

Quando Ivanka torna a casa e dice alla nonna di aver visto la Madonna, l'anziana contadina le risponde: «Va là, che cosa dici? Sarà qualcuno che custodiva le pecore sul colle e che si è messo una pila elettrica sulla testa». Anche Mirjana, in mancanza dei genitori, ne parla con la nonna che ha un buon consiglio: «Ma prendi il rosario e prega e lascia la Madonna in paradiso». E proprio così farà la ragazza, anche perché avverte un gran bisogno di starsene sola. Si chiude in camera – dove il sonno, quella notte, non la raggiungerà – e prega tutta la notte. L'unico modo per calmare un po' il cuore e avere pace. Ivan arriva a casa e non dice niente a nessuno. Si chiude in se stesso, com'è nel suo carattere, a rimuginare sulle mille domande che gli passano per la testa: «Ma è impossibile!», continua a ripetersi. Però è accaduto. E gli viene la paura: «Se venisse ora nella mia stanza? Dove scapperei?».

Per tutti i ragazzi sarà una nottata in bianco. Ma questa notte sono tanti a Bijakovici che si rigirano nel letto.

Capitolo 2
Giovedì 25 giugno 1981

Di buon mattino Ivanka, Mirjana e Vicka vanno ad aiutare i loro familiari nel lavoro dei campi: è la raccolta del tabacco. Più tardi, avvicinandosi l'ora nella quale ieri è accaduto tutto, si fa forte in loro il desiderio di tornare sul luogo. Così si mettono d'accordo e si preparano. Per capire. Per vedere se accade di nuovo: «Se ieri era davvero la Madonna, forse oggi verrà ancora», si dicono l'una con l'altra. Oppure per rendersi conto se davvero si è trattato di qualche minuto di misteriosa autosuggestione, o di uno scherzo o di uno strano miraggio da dimenticare, come molti dicono da ieri sera.

Le ragazze non hanno pensato ad altro per tutta la notte e in effetti tutti, al mattino di questo giovedì, nei campi e per la strada, non parlano che di questa storia. Le tre adolescenti, che tornano verso casa stanche dai campi, devono prendersi qualche prevedibile lazzo di alcuni coetanei: «Ehi, guarda: la Madonna!». Ma non pensano che a tornare lassù.

L'appuntamento è verso le 17,45. Vicka passa a chiamare anche Milka Pavlovic, la più piccola del gruppo, quella che ieri doveva radunare le pecore: ha visto anche lei la figura luminosa. Ma la madre – timorosa di ciò che potrebbe accadere (Milka ha solo 12 anni) – si è inventata una scusa e l'ha portata con sé a fare un lavoro. Così Vicka non la trova a casa, dove c'è la sua sorella più grande, sua coetanea: «Vieni tu, Marija». Lei è esitante: «Ora non posso, ma se vedete qualcosa, venite a chiamarmi».

Vicka glielo garantisce: «Contaci». E si avvia, accompagnata dal cugino Marinko Ivankovic, e da un altro vicino, a cui la madre ha chiesto il favore di star vicino alla figlia (dal momento che suo marito, emigrante, non è a casa, ma è in Germania per lavorare): «Per favore accompagnatela, casomai accadesse qualcosa di brutto...». Anche Mirjana ha con sé dei parenti a cui ha chiesto di poter tornare in quel luogo e così pure Ivanka. Arrivando sul posto le ragazze scoprono che già alcuni curiosi sono venuti a vedere, dal paese, se per caso capita qualcosa o se c'è qualche traccia, sulla collina, delle cose raccontate dalle ragazze.

Inoltre da un'altra strada è tornato anche uno dei due Ivan che ieri sono scappati via: Ivan Dragicevic, il più giovane (ha 16 anni). È venuto insieme con una decina di amici, ma senza l'altro Ivan, ventenne, che probabilmente teme di finire nei guai con la polizia per questa storia.

Dunque Mirjana, Ivanka e Vicka si incamminano chiacchierando per la strada sterrata, con il piccolo corteo di accompagnatori al seguito. Fanno un breve tratto e vedono come un lampo silenzioso. Molte delle persone presenti si accorgono di questi lampi. Ancora una volta è Ivanka che la vede per prima, si volta di scatto e dice alle amiche: «Guardate, la Madonna!». Anche Ivan la vede e quasi si sente mancare: vuole scappare di nuovo, ma qualcosa lo blocca. Vicka si ricorda d'improvviso della promessa fatta a Marija, così corre a chiamarla: «Presto, Marija, vieni subito, la Madonna ci aspetta!». Corre con lei anche il piccolo Jakov (cugino di Mirjana) che in quel momento stava in casa con Marija. E quando raggiungono le ragazze Vicka indica lassù, sul colle.

Ecco la giovane donna, bellissima e dolce: i ragazzi la vedono lontana e la sentono vicina, sono rapiti dalla sua incantevole figura. Ora fa cenno con la mano di avvicinarsi a lei. Ma nessuno dei ragazzi si muove, sono impauriti. Dopo un po' ripete il suo gesto di invito. E stavolta Mirjana, Ivanka, Vicka, Marija e Jakov, insieme a Ivan, che è in un altro punto della collina, partono di corsa, come fulmini, incuranti dei sassi e dei rovi. Corrono per avvicinarsi: sembra che tutti e sei abbiano le ali ai piedi. Racconterà poi Mate Sego, uno del posto: «Noi abbiamo cominciato a correre dietro a loro, ma non riuscivamo a stargli dietro».

Arrivati davanti a lei, i ragazzi cadono tutti inginocchiati e restano come incantati dalla bellezza della giovinetta che oggi si presenta loro senza il bambino e – diranno poi – con un sorriso dolce e un aspetto semplicissimo (una tunica grigia e un velo bianco sulla testa che fa intravedere i capelli neri). È felice ed è di una bellezza indescrivibile, mai vista su questa terra, secondo il resoconto successivo dei ragazzi.

Deliziati, ma anche confusi e impauriti, cominciano a farfugliare qualche preghiera. E lei allora prega con loro, eccetto nella recita dell'*Ave Maria*, durante la quale tace, sorridendo ai ragazzi. Poi Ivanka, timidamente, le rivolge una domanda. Sua madre Jagoda è morta proprio in maggio, poche settimane fa, improvvisamente, mentre era ricoverata in ospedale. E la figlia ha ancora il cuore a pezzi per il dolore: un'adolescente di fronte a una tragedia improvvisa come questa si sente crollare il mondo addosso. Sussurra: «Kako moja mama?» («Come sta la mia mamma?»). La giovane Signora dolcemente la rassicura: «Dobro je majka, dobro je!» («Sta bene la tua mamma, sta bene»). Ancora più confortante per Ivanka è sentirle dire: «È con me, è felice, non preoccuparti».

Allora Mirjana le dice: «Lasciaci un segno, altrimenti penseranno che siamo pazze». Lei sorride e resta in silenzio. Proprio in quell'istante Vicka chiede: «Che ore sono?». A Mirjana, date le circostanze, sembra una domanda bizzarra, tuttavia, quasi inavvertitamente, getta un'occhiata all'orologio e si accorge che si è capovolto. Strabiliata capisce che quello è il segno personale lasciatole dalla Madonna per fissare un momento che cambierà per sempre la sua vita[1]. «Tornerai ancora?», le chiedono i ragazzi. Lei fa cenno di sì con la testa e poi li saluta: «Zbogomte andjeli moji!» («Addio, angeli miei»[2]).

Alla sua sparizione i ragazzi si scuotono e ognuno reagisce in un modo diverso a quella intensissima emozione. Il più piccolo, Jakov, 10 anni, che prima correndo era caduto in un cespuglio di spine senza riportare neanche un graffio, con un incontenibile entusiasmo dice a tutti: «Ho visto la Madonna! Io ho visto la Madonna!». E poi aggiunge: «Com'era bella! Non ho mai visto una donna più bella di lei. Ora che ho visto la Madonna non mi dispiacerebbe nemmeno morire!». Invece Ivanka per la commozione e la tensione di ciò che le è stato detto della madre scoppia in un pianto dirotto e corre giù dalla collina per buttarsi a casa fra le braccia della nonna.

I ragazzi sono sommersi dalle domande della gente, gran parte della quale è impressionata sia per i lampi di luce che ha visto, sia per la scena di quei sei ragazzi inginocchiati, i loro volti rapiti, i loro occhi luminosi e fissi, una cosa incredibile. I sei adolescenti ripetono ciò che è accaduto, assicurano di essere certi di averla vista davvero e di averle parlato, descrivono la giovane donna, il suo volto, la sua voce, il suo sguardo, ripetono le cose che lei ha detto.

In paese fa molta impressione ciò che viene riferito della madre di Ivanka. Tutti conoscevano Jagoda. Era una brava donna, una brava madre, andava in chiesa normalmente, come tutti, non sembrava una cattolica speciale, non si di-

---

[1] Secondo padre Bubalo, VB, p. 25, si tratterebbe semplicemente di questo: «L'orologio segnava le 3,15 invece che le 6,15» e Mirjana giudicò «questo piccolo fatto come un segno». Ma Mirjana lo racconta in ben altri termini nell'intervista filmata *Medjugorje. Cari miei angeli* prodotta da Centro Mir-Medjugorje. Dove si trova anche la testimonianza di fra Miro Sego: «Li abbiamo incontrati mentre tornavano dalla collina e quella fu la prima volta che vidi l'orologio: le lancette erano capovolte e l'orologio era fuori centro. Però camminava!».

[2] «Angeli miei» è un modo di dire tradizionale in Croazia parlando ai bambini.

stingueva per nulla. Venire a sapere adesso, addirittura dalla Madonna in persona – secondo l'attestazione dei ragazzi – che è in paradiso, tocca profondamente il cuore di tutti in paese, conforta, dà speranza.

C'è forte emozione e molta felicità. Colpisce molto anche l'episodio dell'orologio di Mirjana. In tanti chiedono di vederlo. Non si capisce come sia stato stravolto così e come possa funzionare. Questa sera il paese di Bijakovici è ancor più scosso di ieri. Alcuni fra gli anziani, soprattutto fra le nonne, esprimono timori che impauriscono i ragazzi: «Chissà che non sia il diavolo ad apparire!». «Ricordo di aver letto nelle vite dei santi che il diavolo è apparso loro sotto l'aspetto di donne bellissime». Vicka in particolare è visibilmente scossa. La nonna allora le consiglia di pregare come da sempre è tradizione, dicendo un *Credo* e sette *Pater*, *Ave* e *Gloria* in onore della Santa Vergine. «E poi», aggiunge la nonna – con le altre anziane contadine, abituate a cacciare ogni timore con l'acqua santa, tenuta sempre nelle case – «porta con te dell'acqua santa e domani, se ti apparirà ancora, aspergila con l'acqua benedetta: se è la Madonna resterà, se è il diavolo sparirà».

Vicka ascolta attentamente e decide di fare proprio così, armandosi di una bottiglietta contenente il liquido benedetto. Intanto fra gli adulti – specialmente quelli che sono stati sul Podbrdo – qualcuno fa presente che bisogna avvertire il parroco di quello che sta accadendo. «Ci penso io», dice premurosamente Marinko Ivankovic, il cugino di Vicka, che fa il meccanico a Citluk e che ha accompagnato i ragazzi.

In pochi minuti arriva alla chiesa parrocchiale, quella bianca costruzione solitaria, nella campagna, con i suoi due campanili. Cerca padre Jozo Zovko, il francescano che da otto mesi è il nuovo parroco, ma trova solo il cappellano, fra Zrinko Cuvalo, il quale dice che padre Jozo si trova a Klostar Ivanic, vicino a Zagabria, a predicare gli esercizi spirituali alle suore francescane. Marinko è visibilmente agitato e allora racconta tutto d'un fiato a fra Zrinko i fatti di quel pomeriggio e del giorno precedente. Il cappellano ascolta con la sua tipica flemma e poi tranquillamente (ma forse è una tranquillità solo apparente) dà il suo responso, un po' ironico, per sdrammatizzare: «Beh, allora chi vede guardi e chi non vede non guardi»[3]. Non sa che pesci prendere, in realtà, e aspetta il parroco, che doveva tornare già mercoledì 24 e che sta tardando.

[3] MVZ, p. 49.

Capitolo 3
Venerdì 26 giugno 1981

Stamani gli abitanti di Medjugorje che vanno a lavorare a Mostar e a Citluk portano notizie clamorose. E così pure alcuni informatori del partito e della polizia. Anche il piccolo bus che – di primo mattino – da Bijakovici e Medjugorje va a Miletina, Vionica, Surmanci e Citluk: oggi non porta solo i ragazzi delle scuole medie, ma pure sorprendenti novità. A ogni fermata l'autista diffonde la notizia: «Avete saputo cosa sta accadendo a Bijakovici? Dei ragazzi hanno visto la Madonna. Sì, sulla collina, sul Podbrdo e chi va lassù verso le 18 la può vedere».

Una cosa simile non si era mai sentita. Sono tutti increduli e meravigliati. Ma intanto la voce corre di bocca in bocca, di casa in casa, di villaggio in villaggio e presto arriva fino a Mostar. Mentre la notizia dilaga, ad insaputa dei sei ragazzi, loro sbrigano più velocemente del solito il lavoro in campagna, dove aiutano le famiglie. Aspettano ansiosamente il pomeriggio. All'ora convenuta, verso le 17, si radunano dalle loro case e si avviano verso la collina: anzi, per la verità non sono sei, ma sette, perché oggi è presente anche Milka, la sorella minore di Marija, che era all'apparizione del primo giorno. Potrà «vedere» di nuovo? E, soprattutto, la Bella Ragazza apparirà ancora?

Mentre si avviano ponendosi queste domande, i fanciulli si rendono conto che è arrivata un'enorme quantità di persone. Saranno 1.500-2.000. «Ma chi sono? Chi li ha portati qui? Come hanno saputo?». Il Podbrdo, per quanto sia pieno di sassi e di rovi, è affollato. Altra gente sta arrivando dal paese, dice di aver visto dei lampi, sebbene il cielo sia sereno e il sole sia molto alto. Il caldo è asfissiante, la folla preme da ogni parte, ma poco dopo i lampi i ragazzi la vedono: stavolta è in un punto della collina posto molto più in alto.

I presenti assistono a una scena concitata. A un certo punto fra i ragazzi corre un fremito e poche parole: «Eccola lassù!». Quindi scattano via a una velocità incredibile, per i sassi e i rovi, sebbene sia piovuto e il terreno fangoso renda viscide le pietre. Nessuno riesce a tenere loro dietro. Neanche i robusti giovanotti del paese. I primi ad arrivare nel punto e a buttarsi in ginocchio sono Ivan e Jakov. Arrivano poi anche le ragazze. Iniziano a recitare i sette *Pater*, *Ave* e *Gloria* con il *Credo*, come hanno consigliato le nonne. A causa della folla chiassosa che li stringe sempre più, dell'afa soffocante e della fatica di quella corsa a perdifiato, Mirjana e Ivanka – arrivate per ultime, stremate – hanno quasi uno svenimento, mentre la gente sempre più accalcata calpesta il manto della Madonna che scompare.

Giungono frattanto anche i familiari e gli amici dei veggenti che fanno largo attorno ai ragazzi, cosicché Ivanka e Mirjana possono riprendersi. I ragazzi (ma solo i sei di ieri, perché Milka ha visto i lampi, ma non l'apparizione: che non vedrà più), ricominciano a pregare. La Madonna riappare. Gli sguardi di tutti e sei sono concentrati in quell'unico punto, l'espressione dei loro volti è indescrivibile. Vicka, a questo punto, prende la sua bottiglia di acqua santa che la mamma Zlata le ha preparato, si fa il segno della croce e getta abbondantemente l'acqua sulla Madonna: «Nel nome del Padre e del Figlio e dello Spirito Santo. Se sei la Madonna resta con noi, se non lo sei vattene!».

Colei che appare, che quest'oggi ha un'espressione ancora più radiosa di ieri, risponde a Vicka con uno straordinario sorriso[1]. Sembra felice di questo rito campestre. I ragazzi pregano e cantano insieme a lei. Sono passati circa dieci minuti dall'inizio dell'apparizione. La Madonna premurosamente dice ai ragazzi, ancora inginocchiati sulle pietre, di alzarsi in piedi per stare meglio.

A questo punto Mirjana si fa forza e le chiede: «Come ti chiami?». La giovane donna risponde lentamente: «Ja sam Blazena Djevica Marija» («Io sono la Beata Vergine Maria»[2]). Un prevedibile brivido di emozione attraversa il cuore dei ragazzi di fronte a quell'esplicita dichiarazione. Mirjana allora osa chiedere, anche lei come – ieri – Ivanka, di una persona che le sta particolarmente a cuore: suo nonno, morto nel 1980. «Sta bene», le viene risposto dolcemente.

Ivanka torna a domandare ancora di sua madre. È morta improvvisamente, da sola, in ospedale, a Mostar: nessuno se l'aspettava e lei (come i suoi fratelli) non ha potuto vederla per l'ultima volta, questo è ciò che più l'addolora, così la ragazza chiede se la mamma ha un messaggio da darle. La Vergine, con la consueta tenerezza, risponde: «Dice che obbediate alla nonna e siate bravi con lei perché è anziana. Aiutatela perché non può lavorare».

I ragazzi prendono coraggio. Le chiedono: «Perché hai scelto proprio noi che non abbiamo niente di speciale?».

E lei sorridendo: «Non scelgo i migliori».

Ivanka esprime allora l'interrogativo che i ragazzi si erano posti, fra di loro: «Perché sei venuta proprio qui?».

La giovane donna guarda la gente convenuta lassù e poi

---

[1] Vicka non lo sa, ma la stessa scena si era verificata a Lourdes il 14 febbraio 1858, nei primi giorni delle apparizioni. E la Giovane Donna ebbe la stessa, identica reazione. Racconta Bernadette: «Mi misi a gettarle dell'acqua benedetta dicendole: se veniva da parte di Dio di restare, se no di andarsene, e mi sbrigavo a gettargliene. Lei si mise a sorridere, a inclinare la testa, e più la spruzzavo più sorrideva e inclinava la testa» (In René Laurentin, *Lourdes. Cronaca di un mistero*, Mondadori, Milano 1996, p. 40).

[2] L'altro titolo con cui si presenterà a Medjugorje è «Regina della pace».

guarda uno per uno i ragazzi: «Perché qui ci sono buoni credenti».

A questo punto Marinko dice ai ragazzi: «Chiedete alla Madonna che faccia un segno anche per noi». Lo chiedono. Dopo pochi secondi tutti insieme si voltano verso Marinko per riferire la risposta: «Beati quelli che non videro, ma credettero». I presenti stupiti si dicono l'un con l'altro che i ragazzi non possono essersi inventata questa cosa da soli, tutti insieme.

«Cosa ti aspetti da noi?», chiedono ancora.

«Sono venuta per convertire e riconciliare il mondo intero. Dite a tutti di convertirsi finché si è ancora in tempo».

«Tornerai ancora?».

«Sì, allo stesso posto di ieri». La Vergine conclude l'incontro con i ragazzi con un suo congedo semplice e toccante: «Andate nella Pace di Dio».

Finita l'apparizione la folla si accalca attorno ai ragazzi. Tutti vogliono sapere. I ragazzi sono assediati, devono ripetere innumerevoli volte le parole della Madonna. Molti sono impressionati, altri fanno pettegole considerazioni sull'abbigliamento dei ragazzi che sarebbe troppo «alla moda», altri ancora suggeriscono malignamente che si siano drogati.

I sei veggenti intanto cercano faticosamente di prendere la strada del ritorno, mentre una folla accaldata e assetata sciama giù per la collina e chiede da bere alle prime case del paese. Gli abitanti di Bijakovici fanno tutto il possibile, offrono non solo tutta l'acqua che hanno a disposizione, ma anche le bevande che hanno in casa.

L'agile e silenziosa Marija, anche per sfuggire all'assedio della gente, scende un po' più velocemente degli altri cinque, da sola. D'un tratto, verso la fine della discesa, si trova tutta a sinistra della strada, come se qualcosa ce l'avesse spinta e d'improvviso – nel punto della discesa chiamato Lokvetina (Pozzanghera) – si vede di nuovo davanti la Madonna che ha dietro di sé una grande croce di colore scuro. Marija cade in ginocchio. La Vergine stavolta ha un'espressione molto triste e in lacrime ripete: «Pace, Pace, Pace! Soltanto Pace! Riconciliatevi con Dio e tra di voi! L'umanità si trova in un grande pericolo, c'è il rischio che vi distruggiate con le vostre mani. Riconciliatevi!».

Marija è scioccata da questa inattesa apparizione e spaventata da quell'espressione così addolorata della Vergine, dalle sue parole. Quasi non ha la forza di rialzarsi, finché non viene raggiunta e aiutata dagli altri ragazzi e, sebbene molto scossa, pian piano torna a casa con loro dicendo che occorre diffondere subito quell'accorato appello della Vergine.

Questa sera, fino a tarda notte, nelle case di Bijakovici e di Medjugorje non si parla d'altro. Si discute, si commenta, si prega, si racconta, si fanno ipotesi. Ma la voce su questi eventi si spande ben oltre Medjugorje, per tutti i villaggi vicini, fino alle città e soprattutto fino alle autorità di pubblica sicurezza che, in un regime comunista, sono molto occhiute e suscettibili e infatti subito si allarmano.

Ancora all'oscuro di tutto invece resta il parroco di Medjugorje, fra Jozo Zovko che – come abbiamo detto – in questi giorni si trova vicino a Zagabria a predicare degli esercizi spirituali alle suore francescane.

Capitolo 4

Sabato 27 giugno 1981

Nei giorni precedenti padre Jozo ha tentato varie volte di telefonare al suo cappellano per avvertirlo che non sarebbe tornato il 24, ma qualche giorno dopo per una veloce visita alla sua vecchia parrocchia e a sua madre in ospedale. Ma sono stati tentativi inutili. Un fulmine, caduto sulla Casa del popolo di Medjugorje, dove peraltro di lì a poco si doveva inaugurare una discoteca, ha fatto saltare la linea della cabina dell'ufficio postale. Finalmente il sabato 27 è di ritorno. Ma prima di rientrare in parrocchia, padre Jozo deve passare da sua madre che è ricoverata in ospedale a Mostar.

Proprio all'ingresso però s'imbatte in un'autoambulanza che arriva da Citluk, dentro cui si trova una sua parrocchiana, Dragica, la moglie di Marinko Ivankovic, la quale ha avuto un infortunio nell'azienda dove lavora. La donna ha mani e piedi fasciati. Padre Jozo, impressionato, le chiede: «Che cosa è successo?». Ma lei si mette a gridare: «Padre Jozo, ma dove sei finito? E dov'è fra Zrinko?».

Il frate lì per lì pensa che la donna sia rimasta ferita in un incidente che ha coinvolto anche il suo cappellano. Ma poi la donna continua a urlare: «Da noi sono tre giorni che appare la Madonna e lui non vuole saperne nulla e non si fa vedere». Padre Jozo è confuso: «Quale Madonna?», si chiede. Non capisce, immagina che la moglie di Marinko sia in stato confusionale per l'incidente, così – mentre lei viene portata al Pronto Soccorso – lui s'inoltra nei reparti dell'ospedale per far visita a sua madre.

Nella tarda mattinata da Mostar raggiunge finalmente Medjugorje e davanti alla sua parrocchia trova un inspiegabile assembramento di gente che schiva non facendosi notare. Appena arriva in canonica trova le suore agitate. Suor Marcellina concitata gli dice: «Padre Jozo, finalmente! Tu non sai cosa sta succedendo qui. I ragazzi dicono di vedere la Madonna sul Podbrdo e ogni giorno arriva un fiume di gente da ogni parte».

Padre Jozo di nuovo torna a chiedersi: «Ma di quale Madonna state parlando? E chi sono questi ragazzi?». Il parroco è perplesso, ma comincia a capire che è successo qualcosa di grosso e inizia a temere che si tratti di un tranello del regime comunista per screditare la Chiesa. Lui stesso – uomo di grande carisma e di profonda spiritualità – otto mesi or sono è stato mandato via dalla parrocchia di Posusje su pressione del regime perché la sua presenza era diventata un importante punto di riferimento per tanti giovani. Per questo è stato relegato nella sperduta e piccola Medjugorje, proprio per isolarlo. Dunque ora teme di trovarsi di nuovo alle prese con qualche oscura macchinazione del regime per ridicolizzare la Chiesa.

Preoccupato e inquieto si fa spiegare chi sono precisamente i ragazzi. Non li conosce tutti anche perché – pur frequentando la messa domenicale – non sono certo fra i più attivi nella parrocchia. Quando poi gli viene detto che c'è anche una studentessa di Sarajevo, una certa Mirjana, a lui del tutto sconosciuta, i suoi timori crescono. Tutto lo mette in allarme. La gente dice di aver visto dei lampi di luce? Potrebbe essere una messinscena. E d'altra parte quella folla in piazza senza alcun controllo della polizia da dove viene? C'è puzza di bruciato. Se fosse un fenomeno spontaneo e autentico – ragiona fra sé il parroco – a quest'ora la polizia starebbe già prendendo provvedimenti.

E in effetti – lui non lo sa ancora – è proprio quello che è accaduto: un'ora fa sono arrivati dei funzionari del SUP. Sono circa le 12,30. Fa caldo. Due automobili inequivocabilmente del ministero degli Interni arrivano per la stretta viuzza fra le case di Bijakovici. Si fermano davanti alla casa dei Pavlovic e scendono dei funzionari.

Entrano e chiedono bruscamente: «Dove sono quelli che dicono di vedere la Madonna?». Il caso vuole che cinque dei ragazzi (manca solo Ivan) si trovino proprio lì, in quella stanza. Al mattino come sempre hanno aiutato i familiari nei campi e in quell'ora, la più calda del giorno, si sono dati appuntamento precisamente in casa di Marija, per stare al fresco insieme e con l'inconscio desiderio di capire – stando vicini – i fatti straordinari di quei giorni. I ragazzi infatti non pensano ad altro (si chiedono fra sé: «La rivedrò?»).

Quando i due poliziotti irrompono nella stanza, Marija, Ivanka e Jakov se ne stanno sprofondati sul divano, mentre Mirjana e Vicka cercano il fresco distese per terra. Alla vista degli sbirri i ragazzi – oltretutto in quelle condizioni molto rilassate – sono presi un po' dal ridere e un po' dal timore, come quando il professore a scuola sorprende gli studenti in una situazione imbarazzante. Ma – pur essendo giovani – sanno bene che con la polizia del regime non si scherza. Ancor più lo sanno i genitori e i parenti che sono presi dall'ansia quando apprendono che i ragazzi vengono portati via. La madre di Jakov in fretta e furia cambia la maglietta al figlio (ne indossava una tutta strappata e sporca, con cui era stato nei campi), gli altri adulti – con qualche lacrima agli occhi – raccomandano ai ragazzi di essere prudenti e di rifiutarsi di prendere qualsiasi «medicina»[1].

Stretti dentro l'auto della polizia i ragazzi arrivano al capoluogo, Citluk, distante 5 chilometri. Vengono condotti nella stazione di polizia dove devono dare mille spiegazioni,

---

[1] Cfr. MVZ, p. 54.

ripetendo dettagliatamente la loro versione dei fatti durante lunghi interrogatori. Da lì vengono portati a un poliambulatorio: si vuole verificare se i ragazzi si drogano o bevono. La polizia ha chiesto a una dottoressa di visitare le ragazze, ma quella si è rifiutata. Non così il dottor Ante Vujevic. Per primo viene fatto entrare Ivan, che è stato portato a Citluk da altri poliziotti. Il ragazzo è tenuto a lungo sotto pressione. Sono ormai passate le 16 quando viene chiamata anche Mirjana, ma Vicka, decisamente contrariata da tutta questa arbitraria situazione, entra nella stanza e sbotta: «Allora, avete finito una buona volta?».

Il dottore sorpreso le risponde: «Veramente non tocca a te, ma visto che sei qui siediti pure». Vicka invelenita gli ribatte prontamente: «Grazie a Dio io sono giovane e sana: posso stare in piedi. E quando avrò bisogno di una visita verrò da sola. Piuttosto, voi la volete finire?». Il medico sorride, un po' disorientato da questa reazione vivace, e cerca di convincerla a lasciarsi visitare: «Su, stendi le braccia». Ma Vicka è indomabile: «Ecco: due mani e su di esse dieci dita. Se non ci credi, contale!».

Con queste parole di sfida se ne esce dalla stanza. Entra dunque Mirjana. Il dottore le offre una sigaretta, ma lei rifiuta: «Grazie, io non fumo». Di nuovo la richiesta di stendere le mani. Il medico si rende perfettamente conto che questi ragazzi non sono dei drogati, non bevono, non fumano e sono perfettamente sani.

Mentre lui risponde a una telefonata di «autorità superiori», loro calcolano che ormai è quasi l'ora dell'apparizione e devono andarsene. Lui riattacca il telefono e fa appena in tempo ad avvertire i ragazzi che devono andare a Mostar a farsi visitare da uno psichiatra, che quelli escono di corsa («non siamo matti, non abbiamo bisogno del manicomio») e prendono al volo il primo taxi che trovano: «A Medjugorje, per favore: di corsa».

Solo Ivan sta tardando e non sale, si ferma con dei parenti che poi lo riaccompagnano a casa dove racconta ai genitori tutto quello che è successo. Preoccupatissimi loro gli raccomandano di non andare sulla collina. Per tutto il pomeriggio dalla chiesa di Medjugorje è passato un fiume di gente diretta al Podbrdo. Padre Jozo ha pregato insieme a loro, ma ammonendoli severamente a non credere a fenomeni strani, a non lasciarsi imbrogliare, a cercare Cristo nell'Eucarestia, come la Chiesa insegna, e infine invitandoli a tornare a casa, ricordando le parole del Vangelo: «Sorgeranno falsi profeti».

La gente, sconcertata dallo scetticismo del parroco, sale lo stesso verso la collina. Mentre padre Jozo, temendo una macchinazione per screditare pubblicamente la Chiesa, resta deluso e ansioso nella sua chiesa. Proprio quando chiede al cappellano, padre Zrinko, di andare a chiamare questi ragazzi, per interrogarli, in quel momento i cinque arrivano, a bordo del pulmino da Citluk, davanti alla piazza della chiesa. Scende dal veicolo Vicka, spumeggiante come al solito, e investe il frate col suo sorriso: «Ma dove sei stato finora?». Si aspettano infatti da lui protezione e appoggio.

Ma padre Jozo risponde freddamente, è troppo preoccupato da questa storia, non si fida ancora di loro. Vuole prima capire, ascoltarli, osservarli, rendersi conto. Li avverte dunque che vuole vederli e parlare con loro, uno ad uno. Si danno appuntamento alla sera, dopo l'apparizione.

I ragazzi così raggiungono il paese. Sono quasi le 18, salgono a casa trafelati a bere un bicchier d'acqua e s'incamminano verso il Podbrdo. In quel breve tratto di strada – non sapendo dove sarebbe apparsa stavolta la Madonna – si mettono d'accordo così: Marija e Jakov restano vicini alla strada, in modo da poter vedere l'insieme della collina, invece Vicka, Ivanka e Mirjana salgono su a mezza costa. Il primo che la vede farà un segno agli altri.

Anche oggi c'è una gran folla. D'un tratto, la gente che attornia Marija la vede sobbalzare. La ragazzina, rossa in volto, ripete: «Guardate! Guardate! Guardate!» e si mette a correre su per i sassi e i rovi a una velocità – ancora una volta – inspiegabile. Arrivano anche gli altri. Stavolta tra tutta quella gente che si stringe attorno ai giovani per essere più vicini e vedere, ci sono anche due frati, padre Victor Kosir e il cappellano, padre Zrinko Cuvalo, che hanno concordato con padre Jozo di venire a vedere, sia pure in abiti borghesi.

In tanti dicono di vedere quella luce. I sei ragazzi si comportano esattamente come il giorno precedente. Appena vedono la Madonna corrono ai suoi piedi, si inginocchiano e – totalmente rapiti – pregano con lei. Hanno già acquisito più familiarità, incoraggiati anche dalla sua mitezza e dall'affetto con cui lei guarda loro e la gente che è salita sulla collina.

Jakov, su suggerimento dei frati, chiede: «Madonna mia, che cosa desideri dai nostri sacerdoti?».

«Che siano saldi nella fede e che proteggano la fede degli altri».

La calca attorno ai ragazzi si fa incontenibile, non fosse per il cordone che alcuni hanno improvvisato per proteggerli verrebbero travolti. Uno del paese, Gregorio Kozina che si aggira con un registratore sopra al cespuglio per essere più vicino ai ragazzi, a un certo punto viene redarguito da Vicka e Marija perché sta calpestando il velo della Vergine, che in quel caos scompare.

I ragazzi si raccolgono di nuovo, pregano insieme. La Madonna riappare mentre i ragazzi cantano «Tutta bella sei». Lei li guarda con grande affetto, così come guarda la gente e poi alza il suo sguardo osservando la pianura di Medjugorje, dove sono i campi e gli orti degli abitanti del villaggio con la chiesa proprio nel mezzo, poi guarda l'altro colle che sovrasta il paese, il Krizevac, il monte della croce.

Vicka le chiede: «Che cosa vuoi da questo popolo?».

Lei, guardando ancora la gente con tenerezza: «Che coloro che non vedono credano come quelli che vedono».

Mirjana e Jakov, anche ricordando quello che è accaduto

due ore prima a Citluk, chiedono un segno perché si smetta di sparlare di loro: «Ci accusano di essere drogati, epilettici, bugiardi...».

La Vergine premurosamente li conforta: «Fanciulli miei, nel mondo c'è sempre stata l'ingiustizia e così anche qui. Non preoccupatevi, non date importanza a queste cose».

L'agitazione lì attorno cresce. Chi non sta proprio a ridosso dei ragazzi non vede nulla e non capisce. Così molti parlano, spingono, anche per il gran caldo, qualcuno sbotta. La Madonna sparisce ancora, ma non ha salutato, così i ragazzi pensano che torni. Pregano ancora. Poi decidono di alzarsi. Lentamente si incamminano giù per la collina. A un certo punto lei riappare di nuovo per salutarli col suo sorriso: «Addio, angeli miei, andate nella pace di Dio». E, richiesta, fa cenno con la testa che tornerà anche domani.

I ragazzi contenti riprendono a scendere giù fra le rocce e la folla che grida e sciama, correndo. Fa un caldo torrido. In paese si ripete la scena dei giorni precedenti. La gente del villaggio, contadini perlopiù poveri, soccorre quella gran folla mettendo a disposizione, gratuitamente, tutto ciò che ha, sia da bere che da mangiare. Attorno ai ragazzi e alle loro case continua a lungo l'assedio. Tutti vogliono sapere. Tutti hanno da dire la loro. Tutti hanno da chiedere o commentare.

In serata i cinque sono raggiunti da Ivan che racconta di aver avuto anche lui l'apparizione. Era arrivato a casa tardi e stanco da Citluk. I suoi – spaventati da ciò che era accaduto con la polizia – gli avevano chiesto di non salire sulla collina, ma alla fine lui, troppo triste per non essere con gli altri ragazzi all'apparizione, è egualmente uscito di casa. Si era appena incamminato verso il Podbrdo che gli è apparsa la Madonna, su una piccola nube, vicinissimo: più dolce e premurosa che mai, sorridendo lo ha esortato ad essere «sereno e coraggioso» e poi lo ha salutato.

Da Bijakovici la folla, fatte poche centinaia di metri, passa proprio davanti alla chiesa parrocchiale. Padre Jozo ascolta quello che gli riferiscono i due frati e ne è molto colpito, ma è colpito anche da coloro che, passando, fanno commenti irritati perché non hanno visto quello che si aspettavano. Nel suo timore sospetta che – se è una messinscena del regime – si voglia protrarre l'inganno per una decina di giorni per coinvolgere la Chiesa e poi poterla svergognare davanti alla gente.

In serata arrivano dal parroco alcuni dei ragazzi veggenti per i colloqui concordati che padre Jozo ha voluto individuali (così sarà più facile cogliere le eventuali contraddizioni). Il frate sente per prima Mirjana, perché molti dei suoi sospetti sono concentrati proprio su questa sconosciuta studentessa di Sarajevo.

Mentre su Medjugorje scende un bel tramonto estivo, solcato da tante rondini veloci e chiassose e profumato dalle coltivazioni di tabacco, mentre per la strada, nel piazzale della chiesa e nelle case non si parla d'altro, Mirjana viene accolta da padre Jozo che la fa sedere ed esordisce affabilmente: «Allora Mirjana. Comincia a raccontarmi un po' di te e della tua famiglia. Dov'è tuo padre? Che mestiere fa?».

La ragazza fin dall'inizio risponde in maniera chiara, seria e rispettosa: «Mio padre è a Sarajevo e lavora come tecnico di radiologia».

D. «Lui è buono? Va in chiesa? Tu vai in chiesa?».

R. «Sì, va lui e vado anch'io».

D. «A Sarajevo ci sono giovani che pregano?».

R. «Assai pochi, padre Jozo».

D. «Ti perseguitano a scuola perché vai in chiesa?».

R. «Sa com'è, mi deridono perché – essendo credente – per loro sono una ragazza arretrata, diversa dai cinque della mia classe che sono formalmente cattolici, ma che non credono».

D. «Dimmi la verità, Mirjana: tu preghi ogni sera?».

R. «Sì, ogni sera».

D. «Stai leggendo qualche libro religioso?».

R. «Sì, ieri mi hanno portato il libro delle apparizioni di Lourdes e lo sto leggendo perché m'interessa sapere che cosa ne è stato di quella ragazza. Ma la mia vicina ha preso il libro per mostrarlo al lavoro e far vedere che le apparizioni sono già avvenute altrove. Mi piace anche leggere la Bibbia».

D. «Puoi descrivermi, per favore, l'incontro con la Madonna?».

R. «L'ho vista sulla collina, così [fa vedere come stava, *NdA*], teneva il bambino in braccio e lo copriva. Aveva un velo in testa e lo sistemava così [fa vedere come lo sistemava, *NdA*]. Non ho provato una paura da far accapponare la pelle, anzi sentivo dentro una grande gioia. Ero tutta in tumulto, veramente. Vorrei dire a tutti quello che ho visto e far capire... tutto... Credo... indescrivibile... sono, come dire, tutta in subbuglio!».

D. «È bella?».

R. «Oh sì, tanto!».

D. «Hai mai visto una ragazza così?».

R. «Mai!».

D. «Quanto è alta? È più piccola di te?».

R. «Così, come me. Solo che è snella... eterea».

D. «Avete pregato sul Podbrdo? Come?».

R. «Sì, abbiamo pregato appena arrivati sul monte, recitando sette *Pater*, *Ave*, *Gloria* e il *Credo*, come ci hanno consigliato le nostre nonne. E poi abbiamo domandato delle cose alla Madonna. Finché non abbiamo più potuto continuare per via della gente...».

D. «Preferiresti che lassù non ci fosse nessuno?».

R. «Oh, sì! Ci hanno promesso che questa sera si sarebbero tenuti lontano da noi, almeno una ventina di metri, perché fa un gran caldo. E quelli spingono, ci calpestano perfino i piedi...».

D. «Tu non sei più una bambina, sei una ragazza adulta: hai

qualche desiderio particolare che vorresti veder esaudito dalla Madonna?».

R. «Vorrei che ci lasciasse un segno, qualsiasi cosa, perché la gente creda. Quando le chiediamo questo, Lei non ci risponde nulla, guarda la gente e sorride».

D. «Qualcuno della folla ti ha chiesto qualcosa?».

R. «Sì, ieri sera, quando siamo tornati a casa. La nostra stanza era piena. Penso che abbiamo ripetuto le stesse cose almeno cento volte. Tantissimi credono. A noi non pesa raccontare, che la gente senta!»[2].

Padre Jozo insiste con le domande, finché Mirjana alla fine sorridendo non sbotta: «Padre, mi hai chiesto mille volte le stesse cose: non so chi sia peggiore fra te e la polizia».

Il parroco sorride, ascolta, guarda questa ragazza negli occhi, mentre parla. Le propone di concludere questo colloquio pregando insieme – continuamente, anche nei prossimi giorni, chiederà ai ragazzi di pregare con lui – e Mirjana aderisce volentieri. Anche il colloquio con il piccolo Jakov, che ha solo dieci anni, non permette al parroco di individuare crepe nelle loro testimonianze, e sì che un bambino non dovrebbe essere capace di reggere una menzogna con quella convinzione e così a lungo, perfino con sua madre che è molto preoccupata e spaventata da tutta questa storia.

Più tardi padre Jozo riascolta attentamente i colloqui che ha registrato, sempre più pensoso, commentandoli con il cappellano: «Mi colpisce la semplicità delle loro risposte. Senti, non parlano di nessun mistero, di nulla di cui si possa sospettare. In fondo, a ben vedere dicono tutti la stessa cosa. Ma questo potrebbe anche significare che sono stati plagiati».

Comincia a perdere credito in lui l'ipotesi della droga. Ma potrebbe essere comunque una macchinazione, oppure potrebbe trattarsi sì di un fenomeno non naturale, ma di origine diabolica. O un caso di autosuggestione, magari legata

---

[2] Il colloquio, che è stato registrato, è riportato in MVZ, pp. 59-61.

alla tragica morte improvvisa della madre di Ivanka. Il parroco infatti ha mentalmente annotato che è stata proprio Ivanka la prima a vedere l'apparizione e anche la prima a rivolgerle la parola chiedendole proprio della madre. La ragazzina è rimasta traumatizzata dalla perdita della madre, lui lo sa bene, perché poche settimane prima proprio lui ha accompagnato la donna al cimitero e ha potuto vedere il dolore di quella famiglia e lo strazio di quella bambina. Adesso si chiede: «Quella di Ivanka potrebbe essere una proiezione psicologica profonda, provocata dal vuoto lasciato dalla madre. Ma una proiezione del genere come può aver suggestionato anche gli altri bambini?».

Capitolo 5
Domenica 28 giugno 1981

È domenica e i ragazzi possono dormire un po' più degli altri giorni. Ma molti – a cominciare dai frati – vengono svegliati di buon mattino da un traffico insolitamente convulso per quel paesino immerso nei campi. Arriva gente da tutte le parti ed è uno spettacolo davvero speciale da vedere in uno stato dell'Europa dell'Est. Padre Jozo intuisce che il caso sta diventando esplosivo e che lui ha una grande responsabilità, rappresentando la Chiesa.

All'ora della messa arrivano alla spicciolata anche i sei ragazzi, vestiti con l'abito della domenica come tutti, e si siedono qua e là sulle panche con tanti occhi puntati addosso. Per padre Jozo è la prima vera occasione di parlare al suo gregge da quando sono cominciate le apparizioni. Quando inizia la sua omelia c'è molta attenzione fra i fedeli. Il parroco spiega che Dio non abbandona l'umanità e interviene continuamente nella vita del suo popolo. La Sacra Scrittura narra questa storia della presenza di Dio fino alla sua rivelazione definitiva con l'incarnazione del suo Figlio. Dopodiché è attraverso gli apostoli e la Chiesa, sua prosecuzione nei secoli, che Egli raggiunge tutti gli uomini. È attraverso la vita della Chiesa, soprattutto attraverso i sacramenti e la Parola di Dio, che si può approfondire il nostro rapporto con Dio. Poi Dio può elargire anche la grazia speciale di apparizioni come quelle di Lourdes e Fatima, dove si rende vicino in maniera particolare per invitare l'umanità a tornare a Lui, giacché proprio abbandonare Dio è la più grande tragedia. Ma – fa capire il frate – sempre e solo la Chiesa è il luogo del rapporto con Dio. Ed è nella Chiesa e nella sua vita e nei suoi sacramenti che Egli va cercato, non su per le colline, a caccia di fenomeni strani.

Padre Jozo conclude dunque con l'accorato invito a un momento di preghiera nel pomeriggio, pur sapendo che verso le 17,30 tutto il paese sarà catalizzato, come ieri, da quel che accade sul Podbrdo. Finita la messa, mentre la gente sciama fuori, facendo i suoi commenti, i ragazzi vanno incontro al parroco che li porta in canonica per proseguire i colloqui individuali.

I minuziosi interrogatori vanno avanti a lungo. A Ivanka il parroco chiede: «Vi pesa che tutti, anche noi sacerdoti, vi interroghiamo? Cosa provi quando tu parli alle persone e loro non ti credono?».

«Io», dice Ivanka, «io le dico che l'ho vista e lei è libero di credere o di non credere. Ma tutto sarà confermato».

«Tu» riprende padre Jozo «hai toccato la Madonna?».

«Sì, le dita scivolano quando la tocco... sì, scivolano».

A Ivan – timido e taciturno – padre Jozo riesce a estorcere solo poche parole. Faticosamente. E alla fine, quando viene il turno di Vicka, la più esuberante, il parroco stesso è stanco. Poi i ragazzi salutano i frati e se ne vanno a casa, a pranzo. Padre Jozo ha la netta sensazione di non aver trovato un solo elemento sospetto a cui attaccarsi per indagare, non c'è nulla che possa alimentare i suoi timori.

Dice al suo cappellano: «Io non so se quello che accade è davvero opera di Dio o piuttosto del demonio, ma devo riconoscere che la serenità e la gioia di questi ragazzi stride incredibilmente con la mia tristezza interiore e la mia ansia per questa situazione».

Dopo pranzo c'è gente dappertutto. Curiosi muniti di macchine fotografiche fra le case di Bijakovici, poliziotti in borghese che prendono informazioni, guardano, ascoltano, persone che pregano sulla collina, c'è anche un certo numero di preti in borghese. Migliaia di persone, forse 10-15 mila. Mai vista tanta folla, qui.

Al pomeriggio, alla preghiera proposta dal parroco nella messa del mattino arrivano solo 30 persone: tante per Medjugorje, ma un numero deludente per padre Jozo abituato a Posusje, una parrocchia molto più viva e devota dove lui ha lasciato il cuore. Verso la fine del Rosario – che padre Jozo ha proposto di recitare per chiedere a Dio di conoscere la sua volontà – le panche pian piano si svuotano, tutti si riversano sulla collina, già affollata, mentre il parroco resta solo nella sua chiesa a pregare, sempre più intensamente.

I ragazzi oggi fanno fatica a farsi largo tra quelle migliaia di persone. Soffia il vento caldo dell'estate a dissipare un po' l'afa, passa sui cespugli. I ragazzi pregano in piedi, con alcuni adulti che contengono la folla attorno a loro. Ancora una volta il miracolo accade: solo loro vedono la Madonna, ma tutti, se riescono ad avvicinarsi, possono vedere i volti di quelli che vedono e ne restano impressionati. Questi sei adolescenti, che tutti in paese conoscono essere ragazzi normali, simpatici, vivaci, da cinque giorni, quando si trovano davanti a lei, hanno visi inondati di luce.

Oggi le rivolgono le domande dei giorni scorsi e ricevono le stesse risposte. Gregorio Kozina, che si fa riferire dai ragazzi i loro colloqui per poi mandare la registrazione alla parrocchia, prende nota di due piccoli fatti nuovi: davanti a quella folla di 15 mila persone la Madonna, appena è apparsa, ha guardato a lungo la gente sorridendo, contenta. E l'unica domanda diversa è stata quella di Vicka: «Preferisci che preghiamo o che cantiamo?». La sua risposta è stata: «L'uno e l'altro».

Finita l'apparizione è il caos. La folla che spinge, che urla. Tutto resta bloccato a lungo: la strada infatti è piena di macchine fino al negozio di Belijna. Anche i ragazzi fanno fatica a passare e rimangono molto male quando sentono certa gente, perlopiù poliziotti in borghese, camuffati da curiosi, che si mettono a deriderli e soprattutto a insultarli al loro passaggio lanciando volgari offese anche alle loro mamme.

Evidentemente – con la straordinaria folla di oggi – siamo a un momento critico: ciò che sta accadendo a Bijakovici non è più sottovalutato dalle autorità, che sono ormai in allarme. Durante l'interrogatorio a Citluk fra l'altro hanno sequestrato l'orologio di Mirjana il cui caso aveva colpito tanta gente. La polizia lo porta da un orologiaio perché attesti che è una truffa: ma l'orologiaio sbalordito dice che un orologio fuori centro e con le lancette capovolte non può camminare come invece fa. Lui non sa spiegarsi come. I poliziotti tentano allora di distruggerlo, ma inutilmente, continua ad andare. Restando così com'è.

Le autorità pensano che sia tutta una macchinazione dei frati per alimentare la credulità popolare, i frati sospettano che si tratti di una messinscena del regime per screditare la Chiesa. Ma mentre i frati osservano e chiedono cercando di capire, il regime usa il pugno di ferro per far cessare tutto.

Capitolo 6
Lunedì 29 giugno 1981

Oggi è la festa dei santi Pietro e Paolo, tradizionalmente molto sentita dai croati. Tutti si preparano per la messa festiva. Anche i ragazzi stanno per andarci insieme: si ritrovano a casa di Jakov. Ma alle 9 arriva di nuovo la polizia, armata fino ai denti: con metodi violenti pretende che i ragazzi salgano tutti nell'ambulanza per andare a farsi visitare a Mostar. I ragazzi lì per lì scappano e si nascondono sotto il letto, da Jakov. Intanto la madre di Vicka si mette a discutere con i poliziotti che la prendono a male parole e la minacciano.

Alla fine i ragazzi si rassegnano, per evitare guai peggiori salgono sull'ambulanza e i genitori e i parenti dietro di loro con le macchine. I sei vengono portati al reparto neuropsichiatrico dell'ospedale «Safet Mujic» di Mostar. Vogliono spaventarli per convincerli a confessare di aver preso parte a una montatura o magari sperano che si possano fare delle diagnosi di squilibrio mentale. Perciò ci vanno giù duri, gli uomini del regime, ritenendo che dei ragazzi di 16 anni (e addirittura di 10, come Jakov) possano resistere ben poco senza ammettere di aver mentito.

Prima li buttano dentro una squallida stanza mortuaria, con molti cadaveri e una gran puzza. Un'esperienza traumatica perfino per degli adulti, figuriamoci per dei bambini... Poi li portano tra i malati psichici più gravi lì ricoverati. I sei adolescenti si trovano circondati da gente visibilmente pazza che urla e sbraitando fa gesti inconsulti. Poliziotti e uomini del regime minacciano i sei giovani di internarli e li accusano aggressivamente di complottare contro lo Stato.

«Faremo tornare tuo padre dalla Germania che resterà senza lavoro» urlano a Vicka. «Sarà come Dio vuole» ribatte lei «se ce la fanno gli altri ce la faremo anche noi». Anche Mirjana è angosciata pensando che sta trascinando pure la sua famiglia in questo guaio. «Vi ammazzerò tutti» urla un altro sbirro agitando la pistola davanti alla faccia dei bambini, «o vi rinchiuderò giù in prigione, in cantina, dove ci sono topi grossi così!».

Finalmente la visita. In sala d'attesa alcune dipendenti dell'ospedale avvicinano discretamente Mirjana e chiedono con grande interesse e commozione delle apparizioni. La dottoressa Mulija Dzudza li fa entrare uno alla volta. Poi, più che visitarli, cerca di demolirli psicologicamente: dice loro che sono dei fanatici, che magari prendono droghe, che imbrogliano la gente. Prova a ridicolizzare le ragazze dicendo che si vestono alla moda e poi pretendono di far credere di essere «scelte» dalla Madonna. Altri colleghi e poliziotti le danno man forte. Ma non riescono a far crollare psicologicamente neanche il decenne Jakov e anzi restan impressionati dal coraggio e dalla maturità delle risposte del bambino. Alla fine la dottoressa – che oltretutto è musulmana – fa per tutti una diagnosi positiva e commenta: «Mai visto ragazzi più sani di questi: matto è chi li ha portati qua!».

Più tardi racconta di essere rimasta particolarmente colpita dal piccolo Jakov: «Si sente protetto dalla Madonna in cui rimette tutta la sua fiducia, la sua vita. Più io lo investivo e lo accusavo di aver inscenato una menzogna, più lui si dimostrava sicuro delle sue convinzioni per le quali sarebbe anche morto. Quel che è certo e inspiegabile, in un bambino di dieci anni, è che noi non siamo riusciti minimamente a spaventarlo. E così gli altri. Se sono manipolati io proprio non sono riuscita a smascherarli»[1].

Sono le 14 e i ragazzi finalmente se ne stanno tornando a casa. Non sono traumatizzati – come sarebbe naturale dopo questa micidiale mattinata e anche per gli stress terribili a cui sono sottoposti da giorni – pensano solo all'apparizione che li aspetta di lì a poco. Più contenti che frastornati.

Ma l'arrivo a Bijakovici non è consolante. Il paese è di nuovo affollato all'inverosimile: chi parla, chi grida, chi sbuffa e tutti cercano loro. Così i ragazzi non possono stare né fuori casa, né in casa a riposare dal momento che pure le loro abitazioni sono invase da questa marea umana. Tutti vogliono sapere tutto dai sei ragazzi. E loro, oggi, di parlare non hanno proprio voglia.

A casa di Vicka, tra i tanti, ci sono anche due medici che lavorano all'ospedale di Citluk, la dottoressa Dara Glamuzina e il dottor Ante Bosnjak. Nei giorni scorsi hanno sentito parlare di sei ragazzi che a Medjugorje dicevano di vedere la Madonna e come tanti hanno sorriso, con sufficienza. Ma questi medici sono tenuti sotto pressione dalla polizia e dai servizi segreti perché diano una mano a sradicare questa storia. Dunque per cercare di capire questo pomeriggio la dottoressa Glamuzina e il dottor Bosnjak sono a casa di Vicka, come tanta altra gente. Nella gran confusione generale fra l'altro assistono a una scena che li colpisce. La madre di Vicka accoratamente chiede alla figlia: «Dimmi la verità, Vicka, lo sai che tuo padre è emigrato per lavoro: lo deporteranno in prigione!». Ma la ragazza, con dolore, risponde che lei ha sempre detto la verità sulle apparizioni.

Alle 17,30, quando escono per salire al Podbrdo – e anche i due medici salgono –, l'impresa di arrivare sulla collina si presenta ardua per i ragazzi. Devono fare una catena umana, protetti da alcuni adulti del paese. Arrivati, finalmen-

[1] In CS, p. 21.

te, si inginocchiano e iniziano a pregare. Quasi subito si bloccano – allo stesso preciso istante, come gli altri giorni – e tutti e sei fissano gli occhi, estasiati, nello stesso punto, dov'è la Madonna che li saluta come ogni giorno: «Sia lodato Gesù». Con lei pregano e cantano. Poi le chiedono familiarmente se è contenta che tutta quella folla sia lì.

Lei sorridente e felice guarda la gente attorno e poi giù la pianura e poi il monte Krizevac.

«Madonna mia» chiede uno dei ragazzi «fino a quando rimarrai con noi?».

«Quanto volete voi, angeli miei!».

I sei giovani volti s'illuminano di entusiasmo (ognuno dentro di sé dà la sua risposta: per sempre!).

Poi chiedono: «Cosa desideri da tutta questa gente affamata e assetata, che è venuta fin quassù, e aspetta sudata, fra sassi e cespugli spinosi?».

«Che credano fermamente, senza avere paura di niente. C'è un solo Dio e un'unica fede».

«Anche oggi» dicono tristemente i giovani «la polizia ci ha portati via. Ci perseguitano perché affermiamo di vederti. Ce la faremo a sopportare tutto?».

«Certo che ci riuscirete, angeli miei. Non temete: voi sopporterete tutto. Basta che crediate. E abbiate fiducia in me».

C'è lì vicino un padre, venuto da Podgorje, con un fanciullo in braccio che sembra mezzo morto, si chiama Danijel Setka, ha tre anni ed è stato colpito da setticemia quattro giorni dopo la nascita. I ragazzi l'hanno visto arrivando e si sono commossi per le sue penose condizioni e per le suppliche che il padre rivolge loro («Chiedete alla Madonna di guarirlo, vi prego!»). Così Vicka implora la Vergine di risanarlo e insieme pregano per questo. La Madonna guarda teneramente il piccolo Danijel e chiede anche lei una cosa: «I genitori preghino molto e credano fermamente nella sua guarigione» (Danijel da questo momento migliorerà progressivamente fino alla guarigione).

Lì sul Podbrdo c'è anche – come si è detto – la dottoressa Darinka Glamuzina. Ha assistito attentamente a tutto, facendo mille sue ipotesi: «Potrebbe essere un fenomeno cosmico o un'autosuggestione. Potrei capire se potessi toccarla veramente io stessa». Perciò prima di salire sul colle ha chiesto questo a Vicka. La quale, al momento dell'apparizione, lo chiede alla Vergine che risponde: «Sì, può toccarmi».

È Vicka dunque che guida la mano della donna sulla spalla destra della Vergine. La dottoressa poi si ritira in silenzio. Più tardi passerà a casa di Vicka e riferirà di aver avuto una strana sensazione: come se la mano si fosse intorpidita. Ma subito dopo questo «contatto» la Madonna sparisce. Ricomparirà dopo e dirà: «Da sempre ci sono stati i fedeli, gli infedeli e Giuda». Un messaggio che arriverà dritto al cuore della dottoressa che si convertirà[2]. La Madonna alla fine congeda i ragazzi alla sua maniera: «Andate, angeli miei, nella pace di Dio».

I due medici molto colpiti da ciò a cui hanno assistito scendendo dalla collina, dopo aver fatto defluire la folla, trovano proprio i veggenti in paese, seduti sul muretto, che parlano e ridono, come normalissimi ragazzi della loro età. Ed è questa assoluta normalità dentro cui ha fatto irruzione un mistero a sconvolgere i loro schemi mentali.

Anche questa sera i ragazzi vanno da padre Jozo a riferire tutto. C'è molta gente dentro e fuori della chiesa. Mentre il parroco parla con ognuno dei ragazzi, all'esterno gli altri cinque sono circondati da una folla che interroga e fa osservazioni. Ci sono pure gli altri frati della parrocchia, alcuni dei quali ascoltano i ragazzi, mentre altri pongono doman-

---

[2] «Cosa voleva dire? Lo sapevo allora e lo so adesso: tutto quello ero io. Tutto insieme». Così testimonia la dottoressa Glamuzina, anni dopo, nel video edito dal Centro Mir. Dove racconterà il suo cammino che, dopo quell'episodio, l'ha portata alla conversione.

de chiaramente tendenti a cogliere difficoltà o contraddizioni. Uno dei frati, a un certo momento, investe i cinque giovani con una dura reprimenda: «Voi, ragazzi, vi siete cacciati in una folle oscurità. Turbate tutta questa gente e state facendo danno a voi stessi e alla Chiesa». I ragazzi restano silenziosi e calmi, poi Vicka ribatte pacatamente: «Voi potete dire quel che volete, ma noi non vogliamo ingannare nessuno!». Continuano poi le contestazioni e i dialoghi. L'assembramento si disperde solo verso le 21, quando tutti i ragazzi hanno parlato col parroco.

Rimangono in parrocchia solo i frati a scambiarsi opinioni e impressioni. Una macchinazione? Un fenomeno parapsicologico? Un'illusione? Solo come ipotesi secondaria si ammette la possibilità che a Medjugorje stia davvero apparendo la Vergine. Ma a un certo punto arriva un paesano, sui 40 anni, un uomo buono, concreto e di fede: «Cari frati» dice «abbandonate i vostri dubbi. Io seguo gli eventi fin dal secondo giorno delle apparizioni e posso dirvi che è tutto vero: la Madonna è veramente fra noi! Lo vedrete da voi stessi!»[3].

---

[3] In Sp, pp. 393-394.

Capitolo 7
Martedì 30 giugno 1981

Mentre uno dei frati consiglia di far vedere i ragazzi da un esorcista, a Citluk, capoluogo del comune (a 5 chilometri da Medjugorje), per tutta la mattina si susseguono le riunioni: in municipio, alla milizia, al sindacato. Il regime non tollera più quello che sta accadendo a Bijakovici. Perciò comunica che le riunioni di preghiera sono consentite solo in chiesa. Bisogna impedire che migliaia di persone continuino ad affluire su quella collina ogni giorno.

Bisogna metter fine a questa commedia che è, secondo il partito, un complotto del nazionalismo croato. Si predispone dunque un duro piano di repressione. Intanto però già oggi bisogna evitare che i ragazzi vadano sul Podbrdo. Due donne, una delle quali – di nome Mirjana, assistente sociale – è vicina di casa dei veggenti e li conosce personalmente, sono così incaricate di improvvisare un diversivo, per allontanare i ragazzi dal paese senza che si rendano conto del tranello.

Già verso l'ora di pranzo a Bijakovici cominciano ad arrivare segnali inquietanti da parte di personaggi del regime venuti da Citluk che minacciano le famiglie, gli amici dei veggenti, i frati. Poi ingiungono ai ragazzi di non andare più sul Podbrdo, prospettando nuovi interrogatori e anche il blocco dell'accesso alla collina.

I ragazzi – che sono già molto provati dalla giornata di ieri – non vogliono saperne di nuovi guai. In questa situazione di nascente tensione si inseriscono – verso le ore 14 – l'assistente sociale e una sua collega, Ljubica, di Sarajevo, che propongono ai sei giovani di rilassarsi facendo una bella gita sulla loro fiammante Stojadin (una Fiat 101) color violetto.

A loro non par vero di togliersi di mezzo per qualche ora, vista la tensione che si respira in paese: sono pur sempre degli adolescenti e, specialmente dopo aver vissuto giornate così stressanti e traumatizzanti, sono attratti da qualche ora di spensieratezza. Dunque via in allegria, stipati in sette nell'auto (Ivan – timido e riservato – ha preferito restare a casa). Il piccolo Jakov poi non è mai andato in gita lontano da Medjugorje ed è entusiasta.

La prima meta sono le cascate di Kravica. Poi la comitiva fa rotta verso Caplijna dove il gruppo si ferma a un punto di ristoro e le due donne offrono pasticcini e succhi di frutta a tutti. C'è un'altalena in un parco e non si riparte finché Jakov, elettrizzato, non l'ha provata insieme con Vicka. Quindi via alla volta di Ljubuski. Però quando si avvicina l'ora dell'apparizione e si continua a stare alla larga da Medjugorje, i ragazzi intuiscono cosa c'è dietro. Chiedono dunque alle due donne di fermare l'auto perché loro vogliono pregare insieme. Le due fingono di non capire e alla fine, essendo già le 18, attraversando Cerno, i ragazzi intimano loro di fermarsi altrimenti salteranno giù dall'auto in corsa.

L'autista preoccupata accosta sulla destra, circa 200 metri prima dell'osteria di Kuso, non immaginando cos'hanno in testa i ragazzi. I quali scendono, fanno pochi metri verso il bosco prendendo il viottolo che si chiama Bandurica, s'inginocchiano e cominciano a pregare insieme e a cantare – come fanno sempre – in un punto in cui, da lontano, vedono il Podbrdo e la gente (tanta) che si è lì radunata. Appena iniziano le preghiere vedono lassù, sopra quella folla, una nube luminosa e subito vi riconoscono la Madonna: quindi la nube di luce dov'è riconoscibile la giovane Donna dal Podbrdo si sposta fin davanti a loro, vicinissima. «Eccola, è Lei!». Saluta i suoi «angeli» sempre con le stesse parole: «Sia lodato Gesù». La sua espressione non è felice come nei giorni precedenti.

«Ti dispiace» chiedono loro «se non siamo sulla collina?».

«Non ha importanza», risponde lei con il suo bel sorriso.

Mirjana, che ha ben presente la situazione tesissima che hanno lasciato, la mattina, a Bijakovici, e il divieto posto dalle autorità ai raduni sul colle, chiede ancora: «E ti dispiacerebbe se non tornassimo più sulla collina, ma ti aspettassimo in chiesa?».

«Va bene. Sempre alla stessa ora», risponde la loro Amica, con un'iniziale esitazione. Poi canta insieme a loro e infine li congeda dolcemente: «Andate nella pace di Dio»[1].

Le due donne che sono scese anch'esse dall'auto, guardando i ragazzi a qualche metro di distanza, assistono a qualcosa che le sconvolge e le lascia ammutolite per tutta la sera. Di sicuro vedono anche loro quella colonna luminosa che si avvicina (perché lo riferiranno in seguito), poi vedono i ragazzi che, fissando uno stesso identico punto, parlano, ma la loro voce non è udibile. Cos'altro vedono o sentono non si sa, ma dev'essere un'esperienza sciuccante perché dal momento in cui i ragazzi tornano in macchina fino a Medjugorje, dove vengono portati, le due donne non pronunceranno più una sola parola[2].

I ragazzi si fanno lasciare nel piazzale della chiesa. Innanzitutto per riferire a padre Jozo che d'ora in avanti l'apparizione può avvenire in chiesa e soprattutto per nascondersi perché non sanno come fare con tutta quella folla che li ha aspettati (invano) sulla collina e che adesso – pian piano –

---

[1] Anche oggi Ivan, rimasto a casa, non sentendosela di salire sul Podbrdo da solo, avrà l'apparizione della Madonna.

[2] Si saprà poi che una è tornata a Sarajevo e l'altra addirittura è andata a lavorare all'estero senza che nessuna delle due sia più passata per Bijakovici.

sta tornando giù delusa. Fra la gente, che non sa come spiegarsi il fatto, circolano molte voci: li avranno arrestati, sono fuggiti, sono stati fermati da qualche parte.

Padre Jozo, appena vede arrivare in canonica i ragazzi che gli dicono di non essere andati sul Podbrdo, ma a fare una gita, li investe con una tempesta di rimproveri: «Ma come avete potuto fare una cosa del genere? Siete degli irresponsabili! Vi rendete conto? E ora cosa risponderete a tutta quella povera gente che vi ha aspettato per ore?».

E poi di nuovo eccolo alla carica per sapere per filo e per segno da ciascuno cosa è successo, se e dove è apparsa la Madonna, cos'ha detto e se ha detto che apparirà in chiesa («ma ormai non si può più avvertire la gente per domani, è tardi», dice il frate) e tutto il resto. I ragazzi sono angosciati prima per essersi fatti ingannare, poi per aver abbandonato tutta quella gente a se stessa, quindi per questa tempesta di rimproveri e di domande, infine per la stanchezza.

Ma quell'uomo di Dio, che è già nel mirino del regime, si rende conto dell'enorme delicatezza della situazione e anche dei rischi e dei pericoli che gravano su tutti. È per lui drammatico non sapere cosa e come fare. Sente che deve innanzitutto proteggere la fede del popolo cristiano e deve difendere l'autorità della Chiesa, ma se davvero sta accadendo qualcosa di soprannaturale bisogna servire l'opera di Dio e proteggere i ragazzi dai rischi che incombono su di loro. E se invece sono strumenti di una trama oscura? Come giudicarli, soprattutto dopo quel che è accaduto oggi? Il loro è stato un comportamento ingiustificabile, ma sono pur sempre giovanissimi, sottoposti a pressioni enormi, l'ingenuità è comprensibile. Vivono un'esperienza tanto più grande di loro, in cui hanno bisogno del sostegno della Chiesa, oppure sono un vero e proprio pericolo, loro stessi, per la Chiesa?

Questo è il turbine di pensieri che vortica nella testa e nel cuore di padre Jozo. Ne parla con i ragazzi e i frati, ma non si arriva a capire cosa fare. Per lui, ormai da giorni, solo la preghiera, intensa e implorante da Dio luce, è di conforto. Così, verso le 21, salutati i ragazzi, torna a innalzare il suo grido, da solo, nella notte, verso il Cielo. Ma sempre più chiaramente deve riconoscere in cuor suo che i suoi sospetti e i suoi timori si stanno dissolvendo poco a poco. E la pace che si trova nel cuore è eloquente.

I ragazzi tornano a casa ormai senza più doversi giustificare con la gente, ma la loro agitatissima giornata non è affatto finita come sperano. Tutt'altro. Innanzitutto trovano le loro famiglie in preda all'ansia e all'angoscia, non sapendo più nulla di loro da ore e non avendoli visti tornare per le 18, il momento dell'apparizione. E poi i veggenti scoprono che questa giornata a Bijakovici è stata purtroppo come si annunciava al mattino. La milizia e gli uomini del regime hanno portato via Marinko, il cugino di Vicka che fin dal secondo giorno li ha aiutati e protetti.

Loro sono già nelle loro case e stanno preparandosi finalmente per andare a riposare quando vengono raggiunti dalla notizia. Pur essendo spossati da quella giornata così movimentata, i giovani di Bijakovici, dispiaciuti, disperati per il loro amico, si rivestono, salgono in macchina e si fanno accompagnare alla stazione di polizia di Citluk dov'è Marinko (sua moglie passerà tutta la notte davanti alla caserma, ad aspettare il rilascio del marito). Lui infatti non ha fatto niente, è una persona buona e onesta, e se si trova ora nei guai è per aver aiutato loro. La polizia lo accusa di essere il manipolatore dei ragazzi, di aver orchestrato lui questa messinscena delle false apparizioni.

Appena a Citluk i ragazzi entrano nella caserma di polizia, tutti si voltano: «Toh, arrivate a proposito! Proprio voi!». E appena si azzardano a chiedere perché mai hanno arrestato un uomo giusto e perché lo torturano così, un uragano di improperi piomba su di loro da sbirri e uomini del regime scatenati: insulti, minacce, bestemmie, mancano solo le percosse. Ragazzi di 15-16 anni, quasi dei bambini, su cui il regime si accanisce con tutta la sua rabbiosa arroganza e la sua totale illegalità.

Verso le 2 del mattino – senza essere riusciti neanche a vedere Marinko – che per fortuna sarà rilasciato l'indomani – i ragazzi tornano a casa. È finita un'altra giornata, i sei giovani sono spossati. Ma loro – e i loro genitori, che intanto vengono sottoposti a dure minacce (di perdita del lavoro, di arresto, di sfratto) – capiscono che i guai sono appena cominciati. Tuttavia anche gli eventi straordinari sono appena cominciati.

Capitolo 8
Mercoledì 1° luglio 1981

La polizia oggi arriva di primo mattino: tutti i sei ragazzi con i loro genitori devono presentarsi alla scuola del paese: ci sono delle comunicazioni importanti. Lì apprendono che sono convocati davanti alla polizia di Citluk. I ragazzi esausti protestano: «Basta», «non ne possiamo più», «abbiamo fatto le 2, questa notte, a farci insultare e minacciare da quelli là», «noi non ci andiamo».

Così vanno i genitori, da soli. Arrivano, entrano nella caserma della milizia, tesi, preoccupati e le autorità di pubblica sicurezza li aggrediscono verbalmente: «Vi siete cacciati in un grosso guaio, ci saranno conseguenze molto pesanti. Attentare alla sicurezza dello Stato è un delitto grave. I vostri figli sono degli impostori, dei visionari, dei sobillatori, dei ribelli. Finiranno molto male: tanto per cominciare saranno espulsi da tutte le scuole della federazione. E poi ci saranno conseguenze su di voi. Dovete subito metterli a tacere e proibire loro di continuare con questa cospirazione!».

I genitori e i parenti dei ragazzi sono persone semplici, ma rocciose, non sanno che senso ha ciò che sta accadendo ai loro figli e temono per loro, non vorrebbero trovarsi in questa situazione, però non si fanno intimidire. Innanzitutto difendono i loro ragazzi: «Non è vero che sono imbroglioni e ribelli. Sono ragazzi bravi, sinceri e normalissimi. Non si sono inventati niente e non sono loro che vanno a radunare la gente: quella viene di propria iniziativa. Come si fa a impedire loro di andare sul Podbrdo?».

Insomma, fanno scudo ai ragazzi di fronte alle minacce – esponendosi pericolosamente – e li sostengono. Tutto il villaggio li difende. Fin dall'inizio, una settimana fa, Medjugorje ha reagito a quella imprevista marea di persone con un'ammirabile generosità. Tutti, pur con poveri mezzi, si sono fatti in quattro per aiutare la gente arrivata fin là. Le famiglie dei veggenti sopportano pazientemente non solo lo stravolgimento della vita loro e dei loro figli, ma ormai anche una vera e propria invasione delle loro case, fino a tarda ora. E – pur essendo molto in ansia – mai ostacolano i figli in questa loro incredibile e misteriosa vicenda.

Ivan, il padre di Ivanka, viene a sapere delle apparizioni in Germania dove lavora come emigrante. Lì per lì è preoccupatissimo, perché sa che Ivanka – ancora sconvolta per la recentissima morte della mamma – adesso si troverà in enormi guai, senza che lui – così lontano – possa aiutarla e proteggerla. Poi si tranquillizza un po' quando apprende che i ragazzi coinvolti in questa storia sono ben sei. E spera che tutto finisca di lì a poco[1]. I genitori di Mirjana stanno a Sarajevo, ma sono venuti urgentemente a Medjugorje per capire cosa sta accadendo e comunque hanno già fatto sapere alla figlia di stare serena, di preoccuparsi solo di dire la verità. Sono tutte famiglie a reddito medio basso, con molti figli e la minaccia di perdita del lavoro (o del permesso di lavoro all'estero, perché molti dei padri sono emigranti) o lo sfratto sono prospettive molto tragiche. Però restano tutti incredibilmente coraggiosi.

Anche la vita dei ragazzi è completamente sconvolta da otto giorni: le loro abitudini, anche le loro amicizie. Si ritrovano sulle spalle delle responsabilità impensabili. Qualche giovane del paese, precedentemente innamorato di qualcu-

[1] Cfr. MVZ, p. 47.

na delle ragazze (attorno ai 16 anni, si sa, nascono le prime simpatie fra giovanotti e ragazze), si chiede smarrito se dovrà rinunciare a ogni speranza. Ma anche i sei ragazzi – da otto giorni veggenti – si domandano perché la Madonna appare proprio lì e proprio a loro, s'interrogano su come andrà a finire tutto questo e che cosa ne sarà di loro. Tuttavia nessuno dei sei – nemmeno dopo i momenti più drammatici delle persecuzioni che subiscono – desidera tirarsi indietro o si lamenta di essere stato «scelto». Il desiderio più forte di tutti e sei è sempre lo stesso: non deludere la Madonna e poterla rivedere.

Le autorità di polizia hanno innanzitutto l'obiettivo di impedire l'affollarsi di gente sul Podbrdo. Non essendo riusciti con la convocazione mattutina a ottenere dai genitori un impegno per fermare i ragazzi, anche oggi ricorrono a un goffo diversivo che distolga i ragazzi – al momento dell'apparizione – dalla collina. Infatti verso le 17,30, quando i veggenti si preparano ad andare all'appuntamento, arrivano a casa di Vicka due funzionari pubblici i quali dicono: «Dovete seguirci in parrocchia per un interrogatorio». Sentendo dire «in parrocchia» i ragazzi presenti – che a una convocazione alla polizia avrebbero risposto picche come al mattino – non si oppongono: salgono sul furgone Vicka, Ivanka, Marija e Jakov (perché Mirjana e Ivan non sono lì). Ma li accompagnano stavolta anche una sorella di Vicka, Zdenka, e il fratello di Ivanka, Mario. All'ultimo momento la madre di Jakov, accorsa appena ha saputo di questa ennesima convocazione, riesce a tirar giù dal veicolo suo figlio con la scusa che è solo un bambino.

Il furgone però quando arriva davanti alla chiesa tira diritto e allora i ragazzi, capito al volo l'imbroglio, cominciano a protestare, a urlare e a battere le mani sui vetri per essere riportati indietro. Ma nel bel mezzo di questo trambusto, mentre il veicolo oltrepassa il ponte e arriva all'altezza dell'ufficio postale, accade un fatto imprevisto e sconcertante: Vicka,

Marija e Ivanka tacciono di colpo e restano come imbambolate. Per loro tutto sparisce, niente più furgone, non vedono che Lei, perché d'improvviso è apparsa la Madonna, apparizione imprevista (anche se breve) e non preceduta dalle preghiere.

La Madonna sorride alle tre ragazze, le invita a non aver paura di niente e aggiunge che è voluta apparire così per far capire loro che non li ha abbandonati. Poi, come sempre, li saluta, sorride e scompare. I due individui, sorpresi da quell'improvviso silenzio si voltano, intuiscono che dev'essere accaduto qualcosa e vedono Marija e Ivanka come irrigidite e scioccate (per l'inatteso evento), diversamente da Vicka. Cominciano a inveire contro le ragazze, le chiamano «streghe», le deridono e alla fine – pur di continuare a perder tempo – propongono perfino di fermarsi a bere qualcosa. I ragazzi rifiutano e chiedono a chiare lettere di essere riportati indietro. Essendo già passata l'ora dell'apparizione i due imbroglioni invertono la marcia e li scaricano sul piazzale della chiesa.

Vicka, Marija e Ivanka, con fratelli e sorelle, stanno un po' in chiesa e poi vanno in canonica a raccontare a padre Jozo quest'altra dura giornata. Intanto la gente – che per la seconda volta ha aspettato invano i veggenti sul Podbrdo (perché neanche gli altri tre sono saliti, non sapendo cosa fare da soli) – è stata più raccolta dei primi giorni e ha pregato intensamente. Infine se n'è tornata a casa. Ormai l'accesso alla collina è ostacolato in tutti i modi e i ragazzi sorvegliati a vista. Ma proprio quando il regime chiude una porta, qualcun altro apre un portone.

Capitolo 9
Giovedì 2 luglio 1981

Da oggi – annuncia padre Jozo – la messa parrocchiale verrà celebrata anche alle ore 18 del pomeriggio, cioè subito dopo le apparizioni, perché negli ultimi giorni il parroco ha notato che non solo i veggenti vengono a riferirgli cosa è accaduto, ma verso quell'ora molta gente dal Podbrdo viene in chiesa e prega. La polizia da giorni ostacola l'assembramento sulla collina sostenendo che è permesso riunirsi a pregare solo in chiesa, ma con la celebrazione della messa al pomeriggio intuisce subito che si vuol dare la possibilità ai ragazzi di trovarsi con la gente, sia pure dopo le apparizioni. Così alcuni sbirri vanno dal parroco a contestare l'innovazione. Padre Jozo si fa beffe di loro con una trovata esegetica: «Gesù» spiega il parroco ai suoi arroganti interlocutori «istituì l'Eucarestia nell'Ultima Cena. Non era una colazione, ma una cena, dunque noi non facciamo che rispettare la tradizione».

Per tutto il giorno il controllo attorno ai veggenti è stato asfissiante. In ogni caso ognuno di loro trova un modo per sottrarsi alla vigilanza e raggiungere il Podbrdo dove avviene l'apparizione. Poi i ragazzi raggiungono la parrocchia per recitare le preghiere con la gente, dopo la messa, come ha chiesto la Madonna. Padre Jozo celebra dunque la messa per tutti e alla fine, prima della benedizione, dice: «Adesso i ragazzi che hanno avuto l'apparizione e il loro incontro con la Madonna vogliono pregare per voi e per i vostri cari che sono a casa. Non parlate... Sì, li vedrete tutti».

I ragazzi, insieme alla gente, recitano sette *Pater*, *Ave* e *Gloria*. Poi padre Jozo dà la parola a Vicka per raccontare «le loro esperienze di questi giorni». Infine il parroco, sorridendo, dice: «Adesso vi parlerà un ragazzo che voi non vedete perché sta dietro l'altare». In effetti Jakov è così piccolo che la sua testa non spunta al di sopra dell'altare. Le sue parole però arrivano a tutti: «Io oggi ho chiesto alla Madonna di lasciarci qualche segno. Lei mi ha risposto di sì con la testa e poi è scomparsa. Prima di partire ci ha detto: Addio, cari angeli miei».

In questi pochi secondi in chiesa non vola una mosca, ma la commozione inonda il cuore e gli occhi di tutti, così alla fine tutti insieme cantano, fra le lacrime e i sorrisi, come mai prima è accaduto.

Capitolo 10
Venerdì 3 luglio 1981

È un giorno teso e confuso. La pressione della polizia sta rendendo quasi impossibile per i ragazzi e la gente accedere al Podbrdo. Circolano molte voci, anche quella secondo cui oggi avverrebbe l'ultima apparizione. Per i ragazzi sta diventando una situazione insostenibile se non fosse che – per vedere la Madonna e provare la felicità di stare con lei (momenti nei quali dimenticano tutto il caos che hanno attorno) – sono disposti a qualunque prova.

Padre Jozo è ancora dubbioso. È stupito che così tanti preti, anche fra i suoi frati, vadano sulla collina, come tutti armati di macchine fotografiche, anziché a pregare in chiesa con i rosari. Rivolge loro parole di rimprovero, poi però si dispiace, teme di essere troppo duro. Il vescovo stesso sta difendendo i ragazzi e la credibilità delle apparizioni e padre Jozo non riesce a superare la sua incertezza.

Alle 13 deve tenere in parrocchia il catechismo dei giovani. Più tardi ha un incontro di preghiera con un gruppo di 35 ragazzi. Non riesce però a lasciare fuori della porta i suoi pensieri e la sua ansia. Così, avendo attorno tanti coetanei dei veggenti, gli viene naturale chiedere loro: «Ma voi conoscete i sei ragazzi che dicono di vedere la Madonna? Cosa ne pensate? Credete che vogliano ingannarci?».

Nell'imbarazzo generale coglie un volto più vivace. Si rivolge a lei che è anche vicina di casa dei ragazzi. E lei, sorridendo: «Ma padre, c'è qui fra noi Anna, la sorella di Vicka». Tutti gli occhi vanno su di lei e padre Jozo la interpella: «Allora Anna, che dici? Tu conosci Vicka, pensi che ci inganni?». La ragazza è emozionatissima e scoppia a piangere. Però dopo qualche secondo, asciugate le lacrime, risponde con decisione: «Io conosco mia sorella: lei non dice mai bugie!».

Anna non ha il coraggio di spiegare che lei stessa ha visto sulla collina quella luce che annuncia l'apparizione[1]. È per questo segreto che si tiene dentro che è scoppiata a piangere. Padre Jozo da parte sua dispiaciuto di averla messa in imbarazzo non fa altre domande per non apparire aggressivo.

Finito questo momento con i ragazzi tutti vanno in chiesa per il rosario. Lo guida lo stesso parroco che chiede di pregare per avere da Dio l'illuminazione su quello che sta accadendo e qualche segno per comprendere se si tratta di un fatto di origine maligna o se c'è l'opera di Dio. Padre Jozo conclude poi chiedendo alla gente di non salire sul Podbrdo perché è un atteggiamento di curiosità che non va bene per dei cristiani.

Tutti ascoltano in silenzio, ma, usciti dalla chiesa, tutti vanno egualmente sulla collina unendosi al fiume di persone che ormai ogni sera sale su. Il parroco resta dunque solo nella sua chiesa, a scorrere nervosamente le pagine del Vangelo.

Avvicinandosi il momento dell'apparizione la polizia si sguinzaglia per impedire ai ragazzi di andare sul Podbrdo. I ragazzi, avvertiti da una sorella di Marija, si radunano in tutta fretta e scappano saltando le finestre, strisciando sotto i filari di viti, attraversando i campi di tabacco, inseguiti dai poliziotti.

Dunque la situazione in questi minuti di concitazione è questa: la folla si accalca sul Podbrdo, i ragazzi stanno fug-

[1] Sp, p. 34.

gendo dal paese attraverso i campi e il parroco se ne sta da solo, nella terza panca della chiesa, con la Bibbia aperta davanti a sé e il breviario.

A un certo punto – mentre padre Jozo prega ispirandosi alla Sacra Scrittura e dice: «Signore, io so che hai parlato ad Abramo, a Mosè e a tanti altri. Per loro era facile. Loro erano consapevoli della Tua presenza. Ma qui arrivano migliaia di persone, non sappiamo cosa accade sulla collina e cosa c'è nel cuore dei ragazzi. Dimmi Tu qual è la strada da seguire, fammi conoscere la verità...» – proprio mentre sta pregando così, sente una voce chiara che gli dice: «Esci subito fuori e metti in salvo i ragazzi!».

Immediatamente padre Jozo esce dalle panche, fa la genuflessione, percorre la navata, afferra la maniglia della porta, fa per uscire e proprio in quell'attimo viene investito dai ragazzi che arrivano correndo dai campi e si aggrappano a lui. Hanno il fiatone e gridano: «Salvaci, la polizia ci sta inseguendo!».

Il frate li fa entrare subito (sono i sei veggenti più Anna, la sorella di Vicka), li porta nella stanza vuota di fra Veselko, raccomanda loro di stare zitti ed esce fuori chiudendo a chiave la porta di casa. Fa pochi passi e davanti al cipresso vede arrivare i poliziotti trafelati. Salutano il parroco e chiedono: «Ha visto i ragazzi?». «Sì, li ho visti», risponde il frate e quelli allora accelerano la corsa verso il paese in direzione delle case dei ragazzi.

Padre Jozo – sollevato dal problema di dover fuorviare gli sbirri – torna con due suore dai ragazzi, li conforta, li rassicura, proprio quando loro hanno più bisogno della sua vicinanza. Poi rientra in chiesa e si prepara per la messa. Intanto i ragazzi cominciano a pregare e – per la prima volta – hanno l'apparizione nella casa parrocchiale[2]. La Madonna

---

[2] In realtà secondo padre Bubalo e Vicka questo accade il 10 luglio (VB, pp. 134-135).

quest'oggi è felice e conforta i ragazzi, pregando e cantando con loro: «Non abbiate paura, avrete la forza di sopportare ogni cosa!».

I ragazzi torneranno a casa solo dopo il tramonto, alle 22, attraversando di nuovo i campi. Ma è tutto solo all'inizio.

Capitolo 11
L'estate di Medjugorje

Per dieci giorni il regime ha cercato di soffocare sul nascere e sul posto i fatti di Medjugorje, per evitare che l'«epidemia» si allargasse e per scongiurare il trapelare della notizia all'esterno. Non essendoci riuscito, sabato 4 luglio, festa nazionale, lancia il primo pesante attacco pubblico.

Un dirigente della Federazione comunista jugoslava, a una manifestazione di vecchi partigiani titini, lancia un'invettiva contro gli abitanti di Medjugorje accusandoli di nazionalismo e clericalismo. Il giorno dopo i giornali – per un evidente ordine ricevuto dall'alto – rilanciano questo attacco e rincarano la dose contro tutti i protagonisti, rei di complottare contro lo Stato (ad essi ovviamente non viene data alcuna possibilità di difendersi). È l'inizio ufficiale della campagna per schiacciare ciò che sta nascendo a Medjugorje. Intimidazioni e minacce vengono rivolte perfino al Vescovo di Mostar, monsignor Zanic, che per aver difeso i ragazzi (Medjugorje è nella sua diocesi) viene convocato dalle autorità del regime e minacciato di arresto[1].

Date queste penose condizioni, le apparizioni ogni giorno si verificano in luoghi diversi. La polizia registra le pre-

---

[1] È lo stesso vescovo che alcuni mesi dopo, forse per un episodio che non riguarda direttamente le apparizioni, capovolge il suo atteggiamento e diventerà il più acerrimo avversario di Medjugorje.

diche dei frati e ne analizza le parole per trovarne qualcuna che fornisca il pretesto di usare il pugno di ferro contro di loro. Viene reso sempre più difficoltoso l'accesso al Podbrdo[2]. Bijakovici pullula di poliziotti, camionette, cani. Il giorno dopo, nel pomeriggio, Jakov è in casa e riceve qui la sua apparizione quotidiana. La Madonna gli chiede però di andare in chiesa a comunicare ai parrocchiani il suo desiderio: che recitino insieme il rosario. Il ragazzo obietta: «Non posso portare il tuo messaggio. È pieno di poliziotti». E la Madonna di rimando: «Tu prega!». Il ragazzo fa così, per curiosità, per vedere cosa succederà. E quando si affaccia si accorge che il poliziotto di guardia si è addormentato. Jakov allora, scalzo, salta dalla finestra e inizia a correre per i campi o a nascondersi nei bagagliai delle auto. Finché riesce ad arrivare avventurosamente in chiesa. Quella sera la chiesa è molto affollata. Ma padre Jozo è ancora sconfortato. Nella folla che arriva gli sembra di vedere solo curiosità, non desiderio di conversione e gli stessi credenti – sebbene elettrizzati dagli eventi – non avvertono la necessità di cambiare vita, non si sentono personalmente chiamati a un radicale cambiamento dall'eccezionalità dei fatti. Il parroco dunque vive questa liturgia con stanchezza e sfiducia. Appena finita la celebrazione si sente tirare il camice: è Jakov. Si china per sapere cosa vuole: «Padre, ho un messaggio da dare a tutto il popolo».

Padre Jozo, considerato che il piccolo non arriva al microfono, lo prende e lo mette sull'altare, in piedi: ha i piedi scalzi e le sue orme restano proprio lì dove, poco prima, stava il calice. Gli occhi di centinaia di persone si fissano sul bambino che con la semplicità e la voce di un fanciullo di

---

[2] In CS (p. 26) la proibizione definitiva è il 13 luglio, in VB (p. 124) è il 12 agosto. È solo uno dei tanti particolari su cui esistono ricostruzioni divergenti. In questo caso ritengo più attendibile padre Bubalo che ha lavorato sui registri parrocchiali e sui quaderni di Vicka.

dieci anni dice: «La Madonna ha detto: Pregate il rosario ogni giorno. Pregate insieme».

Mentre parla, il frate lo guarda con simpatia, ma non è particolarmente colpito dalle sue parole. Ricorda che Jakov con gli altri bambini della parrocchia ha partecipato al catechismo imparando a pregare il «rosario vivo» e dunque ascolta quelle parole come una sua fanciullesca esortazione che gli viene da quell'esperienza, non le sente un messaggio della Vergine. Sono parole così semplici, quasi banali, dice fra sé il parroco. Ma quando si gira verso la navata, invece di vedere – come si aspettava – volti normali e gente che defluisce verso l'uscita, si accorge di centinaia di occhi che piangono, fissi su Jakov.

Padre Jozo stupito si chiede: «Ma che succede? Signore, non capisco niente! Perché in chiesa tutti piangono?». Le sue omelie dei giorni scorsi, particolarmente ispirate e ben più profonde di quelle tre parole dette da Jakov, non hanno mai suscitato quella reazione. Dunque cos'è accaduto tre minuti fa per provocare una simile ondata emotiva? Il parroco interdetto si avvia verso la sacrestia, pian piano per vedere se la gente si alza dalle panche o no.

Passano due minuti, padre Jozo torna in chiesa e scopre che sono ancora tutti lì, con il rosario in mano. Nessuno si muove, vogliono pregare e finalmente il loro desiderio stavolta coincide con quello del parroco. Dunque tutti insieme cominciano a pregare. Padre Jozo ha i ragazzi accanto a sé. Verso la fine del rosario tutti si accorgono che accade qualcosa: il frate di colpo si blocca, ha lo sguardo fisso in un punto a metà della chiesa, un'espressione raggiante, poi dopo alcune decine di secondi si scuote e intona con fervore il canto *Bella tu sei, o Maria*.

Alla fine i ragazzi – sicuri che anche lui, stavolta, l'ha vista – lo riempiono di domande: «L'hai vista? L'hai vista anche tu?». La sua risposta è un eloquente e pacificato sorriso. Ma cos'ha detto la Madonna in quell'apparizione in chiesa finalmente decisiva (è il segno tanto richiesto) per padre Jozo? «Grazie. Recitate il rosario ogni giorno. Pregate insieme». Ha ripetuto esattamente le parole di Jakov, proprio quelle parole semplici che il parroco – dopo aver ascoltato il bambino – aveva considerato poco significative. Ripetute da lei – rifletterà in seguito padre Jozo – proprio per aprire gli occhi a lui sulla vera profondità dei messaggi (apparentemente così semplici) della Madonna.

Poi la Vergine ringrazia i fedeli per aver capito e aver pregato insieme. La gente del paese scopre in questi giorni un fervore straordinario. La chiesa resta illuminata e piena di cristiani in preghiera ogni sera fino a notte fonda. Tutti s'impegnano a dare il massimo del tempo alla preghiera, quasi con un eccesso di attenzione «quantitativa». Finché la Madonna chiede alla «sua» parrocchia di fare un altro passo: «Non pregate così, ma col cuore. Questa sera, prima di cominciare a pregare, ognuno deve perdonare il suo prossimo».

Ancora una volta le sue parole illuminano e dolcemente chiedono di abbattere l'ultima resistenza, la più intima e inconfessata. Tutti a Medjugorje hanno riscoperto la fede, tutti frequentano quotidianamente la chiesa e recitano continuamente il rosario. Medjugorje è diventata in poche settimane, in questa estate del 1981, una parrocchia unica sulla terra (peraltro oltrecortina), non ce ne sono di così mistiche e fervorose, eppure persiste sempre un groviglio di occulti rancori, di ataviche inimicizie, di antiche ostilità: sono quelle che da sempre dividono duramente i singoli o le famiglie, e restano al loro posto, nelle profondità dei cuori, innominabili e intoccabili[3]. Tocca a padre Jozo spiegare che le parole della Madonna si riferiscono proprio a quel groviglio che ciascuno ha dentro: il parroco dice che veramente lei ha visto dentro i cuori e chiede di purificarli fino in fondo, fino ai

---

[3] «Il villaggio di Bijakovici era dilaniato, da lungo tempo, da violente tensioni. Ora sono cessate in seguito alle apparizioni», LR, p. 145.

risentimenti che nessuno aveva mai pensato di dover confessare e cancellare, tanto li si ritiene motivati.

«Abbiamo capito, lo faremo», è la risposta. Ma nessuno si muove. In realtà un imbarazzante silenzio domina fra le navate. C'è tensione. Il frate vede con evidenza quanto difficile e titanico sia spostare quei macigni dai cuori. Tutti sono come paralizzati e rattristati. «Adesso» interviene padre Jozo «reciteremo il rosario per poter perdonare». Si inizia con i salmi, poi i misteri del rosario: minuti di intensa preghiera. Dopo un po' si sente una voce nella chiesa: «Signore, io ho perdonato. Ti prego, perdonami!». Si rompono le dighe. Tutti si commuovono, così come si scioglie un ghiacciaio millenario fra singhiozzi e lacrime, tutti cercano persone da abbracciare, mani da stringere, occhi a cui sorridere per poter dire: «Abbiamo perdonato di cuore, ora ti preghiamo: perdonaci anche Tu!». Non si è mai vista una cosa simile. La chiesetta di Medjugorje è inondata di lacrime e sorrisi.

L'entusiasmo della riconciliazione all'indomani diventa una grande festa per tutto il paese: muri antichi di inimicizia vengono spazzati via, non c'è più estraneità, né sordi rancori ad avvelenare la vita. È festa per tutti[4]. E quando – su richiesta della Madonna, che chiede di superare le prove e sconfiggere ogni male attraverso la forza straordinaria del digiuno – padre Jozo, nella chiesa strapiena, domanda: «Siete disposti ad accettare un digiuno di tre giorni, a pane e acqua, e ad accettarlo volentieri, con gioia e serenità?», arriva una risposta tuonante, potente come la durezza contadina di questo antico popolo, ad una sola voce, che quasi fa tremare le mura della chiesa: «Sì!», «Siamo pronti a fare ciò che la Madonna ci chiede!».

Non solo la parrocchia di Medjugorje, ma anche i paesi

---

[4] «È così che i borghi di Medjugorje, fino ad allora in conflitto, non senza vittime, si sono chiesti reciprocamente perdono in chiesa nel luglio 1981. Da allora hanno ricominciato a lavorare insieme», L4, p. 99.

vicini fanno questo primo commovente digiuno. E impressiona moltissimo gli agnostici, i non credenti, le persone di altre religioni e anche il regime, vedere in questi tre giorni i lavoratori che nelle mense aziendali di Ljubuski, Citluk, Mostar e anche nelle miniere, non toccano cibo. Nelle case di Medjugorje (dove diventerà poi abituale il digiuno a pane e acqua nei giorni di mercoledì e venerdì, come il rosario quotidiano) si respira un entusiasmo contagioso. La conversione del cuore riporta tanta gente ai confessionali, spesso dopo anni o addirittura decenni. Un giorno padre Jozo deve attaccarsi al telefono e chiamare tutti i religiosi della regione: ne raduna circa un centinaio. Lo spettacolo è stupefacente: i prati attorno alla chiesa con migliaia e migliaia di persone che aspettano in fila il loro turno davanti a confessionali improvvisati fatti solo con la sedia del sacerdote. Sono in tanti ad alzarsi, dopo la confessione, con le lacrime agli occhi e il volto raggiante di chi si sente finalmente liberato.

Capitolo 12

I segni e la persecuzione

La popolazione ha la sensazione di ricevere, proprio per questa sua risposta entusiasta, delle grazie e dei segni straordinari che renderanno indimenticabile questa estate nella vita di ciascuno. Già da giorni circolano notizie di guarigioni che impressionano tutti. Il caso che dopo qualche settimana finisce addirittura sui giornali jugoslavi – provocando grande pubblicità involontaria a Medjugorje e la reazione dura del regime – è quello del vecchio Jozo Vasilj. L'anziano contadino (è del 1896), che vive nelle case dei Vasilj, sotto il Krizevac, è cieco da quattro anni con una grave malattia alla pelle che copre le sue braccia di piaghe.

È uno dei primi giorni delle apparizioni, verso le 17,30, e Jozo chiede a una nipotina che sta preparandosi ad andare sul Podbrdo per vedere ciò di cui tutto il paese parla, di portargli – visto che lui non può salire lassù – un po' di terra di quella collina. La ragazzina, Vida, fa così e dopo due ore è di ritorno con un po' di terra e alcune pianticelle del luogo dove appare la Madonna. Il vecchio dice alla moglie di bollire quell'erba, ma senza dirle perché. Poi quella sera si applica tutto sugli occhi e prega intensamente nel silenzio.

Al mattino chiede alla donna di portargli dell'acqua, si lava, recitando il *Credo*, si asciuga con un panno e in quel preciso momento scopre di aver ritrovato la vista: «Dio mio!

Ma io ci vedo!». La moglie, scettica, non considera neanche la possibilità: «Via, Jozo, non dire sciocchezze!».

«Sì, ci vedo. Vedo che oggi non hai le calze».

La donna è stupita: «Ma su, hai tirato a indovinare...».

«No, ci vedo. Vedo i due vasi che sono sul tavolo». La signora si volta sconcertata, guarda in faccia il marito e scopre che anche le piaghe alle braccia sono sparite. Ha un tuffo al cuore, esce di casa correndo: «Jozo è guarito! Jozo è guarito!». Accorrono i vicini di casa, il vecchio contadino racconta come è successo, lo ripete a tutti; c'è grande meraviglia ed entusiasmo. Jozo e la moglie subito vanno alla chiesa per ringraziare la Madonna della grazia che hanno ricevuto e la notizia come un fulmine attraversa tutto il paese e arriva ai villaggi vicini.

Raggiunge anche qualche giornalista, perciò – dopo alcuni giorni – finisce sui quotidiani. Immediatamente la polizia si precipita nelle redazioni a minacciare i cronisti di licenziamento: è un complotto clerico-nazionalista, va smontato, non pubblicizzato. Arrivano allora dei giornalisti che provano a far confessare al vecchio contadino che non è mai stato cieco e si è inventato tutto. Ma lui, imperterrito, ripete i fatti come sono accaduti. E i poliziotti cominciano a minacciarlo: «Tu non devi dire queste sciocchezze! Devi smettere di blaterare». E il vecchio Jozo ribatte: «Ma come posso tacere quando mi fanno delle domande? E se poi, tacendo, mi torna la malattia? Chi me la ridarà la vista, voi?».

Anche altri casi simili vengono narrati e poi riferiti e documentati presso la parrocchia. Ma in questa straordinaria estate luminosa e profumata di tabacco a Medjugorje si verificano anche segni di altro tipo, del tutto inspiegabili e testimoniati da decine di persone («una pioggia di grazie», secondo il parroco). Nei giorni 2, 3 e 4 agosto (e poi sul finire del mese) decine di persone dai campi e dalle case testimoniano di aver visto sbalorditivi fenomeni nel sole che si concentrano sulle due colline di Medjugorje e attorno alla chiesa parrocchiale. Molti testimoni affermano di averli visti anche dai paesi vicini di Miletina, Citluk e Gradina.

Il 6 agosto – proprio lo stesso giorno in cui la Madonna, nell'apparizione che precede la messa pomeridiana, rivela ai veggenti il titolo con cui appare a Medjugorje: «Io sono la Regina della Pace» – poco più tardi, tutti gli abitanti che sono fuori casa (fra gli altri anche padre Jozo) riferiscono di aver visto la scritta nel cielo «mir» (che significa pace), in lettere color oro, che dal monte Krizevac si spostava verso la chiesa e che il fenomeno è durato alcuni minuti. È il fatto che più colpisce insieme a quello che si verifica una mattina verso le 11, quando la grande croce eretta nel 1933 sul monte Sipovac[1] scompare e in tutta la vallata, dai campi e dalle case, al suo posto scorgono una figura femminile[2]. Tanta gente nei campi e per le strade si inginocchia e spontaneamente, commossa o spaventata, inizia a pregare. Anche questo fenomeno è stato osservato da alcuni villaggi della zona.

In questi primi dieci giorni di agosto Medjugorje è piena di giovani, venuti da ogni parte. Ogni notte vanno con i veggenti in pellegrinaggio sul Podbrdo. È uno spettacolo stupefacente per un paese d'oltrecortina. Notte e giorno si vedono arrivare – anche a piedi – gruppi di persone e da ogni

---

[1] Su proposta dei frati, Medjugorje volle celebrare così i 1900 anni della redenzione. Fu un'impresa entusiasmante per il villaggio, ma anche durissima. Tutti i materiali per la costruzione furono portati fin lassù a spalla dalla popolazione (la montagna, oltre ad essere alta, è anche straordinariamente impervia). Da allora il Sipovac si chiamerà Krizevac, «monte della croce». La Madonna, che ha detto ai veggenti di avere particolarmente caro questo monte con la croce, il 30 agosto 1984 ha spiegato ai veggenti che «anche la croce faceva parte del piano di Dio, quando voi l'avete costruita... Recatevi sul monte e pregate davanti alla croce. Le vostre preghiere mi sono necessarie».

[2] Marija Pavlovic ha dichiarato: «Quel giorno io ero a casa di un'amica. Sentendo il baccano che faceva la gente per strada, uscii insieme alle persone che erano con me. E così vidi quello che tutti stavano ammirando. L'immagine non era come quella che appare a noi. Noi vediamo una persona concreta, reale. In quell'occasione si vedeva una figura fatta di luce bianca, che appariva e scompariva, ma era ben distinta» (in «Medjugorje Torino», maggio 2001, n. 99).

parte si sentono cantare inni e recitare preghiere. Tutti accolti con cordialità e fraternità dalla gente che mette gratuitamente a disposizione quello che ha, a cominciare dalle proprie case e i propri letti per dormire. «Qui è il paradiso», si dicono in questi giorni, pieni di entusiasmo, gli abitanti di Bijakovici. Intanto però arrivano anche le contromisure del regime. La televisione bombarda i frati, i «sedicenti veggenti» e gli abitanti di Medjugorje considerata in blocco un covo di nazionalisti croati che complottano contro lo Stato. I giornali lanciano scoop dove provano a dimostrare che è tutta una montatura truffaldina dei frati. Il partito comunista di Citluk convoca iscritti e militanti a una riunione per condannare l'evento ed enunciare una serie di misure disciplinari per quelli – iscritti e militanti – che sono stati o vanno sul Podbrdo o partecipano alle apparizioni. A Medjugorje, nei locali scolastici, vengono riuniti i contadini a cui si spiega che si stanno facendo imbrogliare dai frati e a causa delle preghiere trascurano i campi e se ne pentiranno. Poi viene organizzata anche una conferenza di un docente di Economia dell'università il quale spiega agli abitanti che i fenomeni che hanno osservato nel cielo e sul Krizevac non sono attendibili, ma sono allucinazioni collettive. Qualche coraggioso che si alza per obiettare viene fermato dalla polizia. Il 12 agosto si proibisce definitivamente l'accesso al Podbrdo e tutto il paese viene militarizzato.

In questi giorni i ragazzi sono guardati a vista dai poliziotti. Un giorno padre Jozo si vede arrivare in canonica genitori, nonni e fratelli. Tutti affranti vengono a dirgli che hanno portato via di nuovo i ragazzi. Il parroco cerca di consolarli chiedendo loro di pregare insieme a lui: «È l'unica cosa che possiamo fare». Così passano le ore, passa tutto il pomeriggio, arriva il tramonto e l'agitazione si fa più forte. A mezzanotte è l'angoscia. Finché all'una e mezza della notte un ragazzo dice di sentire delle voci. Tutti fanno silenzio e sentono un canto lontano. Sono loro: entrano in canonica cantando con i volti raggianti mentre i genitori scoppiano a piangere. Vicka si stupisce di quelle lacrime: «Ma non vedi che ora è?», dice sua madre. E la ragazza: «Non soffrire così. Se questo è un tempo di prova, mettiamolo a frutto: chiediamoci che cosa possiamo soffrire per la Madonna, se possiamo offrirle quello che ci accade»[3].

È ormai evidente che qualcosa di straordinario e «contagioso» è accaduto a quei ragazzi e nemmeno la repressione può fermarli. Per la festa dell'Assunta, il 15 agosto, con buona pace della campagna diffamatoria orchestrata da tv e giornali, un mare di pellegrini, curiosi, ammalati – circa 25 mila – inonda Medjugorje. Arrivano con tutti i mezzi, in auto, in pullman, a piedi, in bicicletta, in motorino, da ogni parte della Jugoslavia, incuranti dei controlli di polizia e della diffida delle autorità. E all'indomani, per la precisione il 17 agosto, scatta l'operazione che – secondo le intenzioni – metterà fine a tutto: l'arresto di padre Jozo. Arrivano con elicotteri, blindati, camionette, cani ammaestrati. Centinaia di soldati bloccano l'accesso al paese a chiunque non sia residente, poi circondano la chiesa e impediscono a tutti di avvicinarsi. Cercano il parroco e gli intimano: «Lei adesso viene con noi». Lo ammanettano e lo caricano su una camionetta. Pallido e teso fa appena in tempo a dire ad alcuni parrocchiani che, in lacrime, assistono all'arresto: «Addio. Dio sia con voi. Non temete per me. La Madonna è con me e con voi...».

La chiesa viene sbarrata con delle tavole di legno. Rovistano negli uffici parrocchiali a caccia di prove del complotto nazionalista, libri e riviste vengono buttati dalla finestra, sequestrano documenti (fra cui molti materiali sulle apparizioni dei primi giorni che non saranno più recuperati), le offerte dei fedeli, perfino delle candele sopra le quali c'è lo stemma della bandiera croata, ma non i simboli socialisti: evi-

---

[3] Il racconto di padre Jozo in CS, p. 417.

dente prova della cospirazione. Anche le suore e gli altri frati subiscono umiliazioni e violenze e vengono minacciati di arresto: per questo giorno resteranno segregati in una stanza (mentre altri frati sono stati presi per essere interrogati).

La federazione del partito di Citluk emana il suo proclama: «Dichiariamo che è necessario spiegare ancor più chiaramente alla gente che ciò che progettano e vogliono i preti Jozo Zovko, di Medjugorje, il suo collega Ferdo Vlasic, il vescovo di Mostar, Zanic e altri estremisti, non è nient'altro che fare ciò che sogna e vuole l'organizzazione terrorista degli Ustascia. I clerico-nazionalisti si sono levati contro le conquiste della rivoluzione, contro il sistema in vigore, contro l'autogestione socialista. Tutto questo costituisce un grave abuso dei sentimenti religiosi»[4].

Lo choc per quegli arresti, a Medjugorje, è molto forte. Gli abitanti sono angosciati per la sorte del parroco, altri sono spaventati, altri ancora si sentono ribollire il sangue di fronte a questi soprusi e alle violenze del regime, molti piangono. Tutti si ritrovano prima a pregare attorno alla chiesa parrocchiale, poi – una volta che si riesce a far togliere il blocco – dentro per la messa. Durante la celebrazione, carica di tensione e di singhiozzi, i ragazzi si alzano, vanno nella stanzetta attigua dove hanno l'apparizione.

Alla fine della messa il cappellano fra Zrinko, che intanto è riuscito a farsi liberare (è stato bloccato a lungo in canoni-

---

[4] Il vescovo di Mostar, monsignor Zanic, scrive al presidente della Repubblica federale jugoslava il 1° settembre per «protestare energicamente contro queste calunnie, del tutto destituite di fondamento». L'attacco al vescovo era dovuto al fatto che il 16 agosto, su «Glaz Koncila», egli aveva difeso i ragazzi e i frati di Medjugorje, negando che fossero manipolati e negando qualsiasi risvolto politico in quegli eventi. «Al momento» aggiungeva «tutto ci induce a credere che quei ragazzi non mentano». In conclusione il vescovo faceva sua «la posizione del saggio Gamaliele negli Atti degli apostoli (a proposito dei cristiani): "Se questa teoria o questa attività è di origine umana, verrà distrutta; ma se essa viene da Dio, non riuscirete a sconfiggerli" (*At* 5, 38-39). Questa è la posizione che prendiamo per il momento».

ca dalla polizia), va all'altare e dice che questo è il giorno più triste della sua vita, poi scoppia a piangere. Ma mentre una forte ondata emotiva attraversa la gente che gremisce la chiesa, viene portato al microfono Jakov che sorprende e placa tutti gli animi. Dice che la Madonna è appena apparsa nella stanzetta, che era radiosa e gioiosa, e ha detto di dire al popolo: «Non abbiate paura. Desidero che siate colmi di gioia e che la gioia si legga sul vostro volto. Io proteggerò fra Jozo!».

Ora resta solo la commozione e la preghiera che va avanti per tutta la notte. Ogni giorno gli abitanti di Medjugorje pregano per il loro parroco arrestato. Padre Jozo è stato chiuso in una cella di rigore, totalmente buia. Perde completamente la percezione del giorno e della notte. Viene torturato, con un pugno di ferro viene colpito sulla bocca durante un interrogatorio perdendo così alcuni denti. In una settimana viene ridotto a uno straccio d'uomo.

Il 25 agosto Mladen Bulic, un abitante di Medjugorje che da qualche giorno è in ospedale per dei problemi alla gola, è alla finestra della sua camera, quando vede arrivare un'auto della milizia da cui scendono due poliziotti che sorreggono padre Jozo, vestito in abiti civili. Il buon Mladen, sapendo che il frate è stato arrestato la settimana scorsa, scende velocemente le scale per salutare il suo parroco e proprio sulle scale lo incontra. Fa per stringergli la mano, ma i poliziotti lo allontanano con modi bruschi. Si accorge però che padre Jozo sanguina dalle orecchie ed è praticamente incapace di camminare. Mladen rabbrividisce pensando a tutto quello che devono avergli fatto per ridurlo così. Riesce ad avvicinarsi, approfittando del capannello di gente ferma nel corridoio in attesa del dottore, e a sussurrargli: «Come stai?».

Padre Jozo si volta lentamente, gli fa un sorriso e gli dice: «Lo vedi...». Mladen, potendolo ora vedere in faccia da vicino, si rende conto meglio: lo hanno picchiato selvaggiamente anche nel volto, perché ha tutta la guancia destra gonfia e gli hanno buttato giù dei denti. Ma arriva urlando un poliziotto e lo allontana: «Se continui a far domande bastoniamo anche te!».

Mladen ribatte coraggiosamente: «Voi non potete farmi niente. Io sono un ammalato e ho il diritto di stare qui!». Intanto è arrivato il turno di padre Jozo che viene fatto entrare nell'ambulatorio.

All'uscita Mladen è ancora lì e allora il frate gli chiede: «Come va a Medjugorje?». «Va tutto bene, non preoccuparti», lo tranquillizza il suo parrocchiano. Interviene sghignazzando uno dei poliziotti che lo stanno portando via: «Ah, di certo non si dovrà preoccupare di nulla, perché questa notte gli taglieremo la gola». Mladen, di rimando, gli grida: «Voi non potete fargli nulla! Avete potuto bastonarlo, ma non lo potrete uccidere!». A questo punto padre Jozo, preoccupato che Mladen si stia cacciando nei guai, si gira verso di lui e gli fa cenno di tacere[5].

Il frate in galera è privato di tutto, anche del breviario, finché un giorno – neanche lui sa spiegarsi come – si ritrovava in tasca il suo rosario. Per lui è la felicità: «Proprio quando pensavo di non avere più nulla» ripete a se stesso «ho ritrovato tutto». Ora si sente fortissimo, inespugnabile.

Cercano di inchiodarlo con la registrazione di una sua omelia, quella dell'11 luglio. Gliela fanno riascoltare:

«...l'unico uomo che è venuto a dirci la verità è un Dio-Uomo, Gesù Cristo, che non è venuto a dire: "Io ho scoperto la verità", ma: "Io sono la Verità"... È venuto tra i figli perduti e ha detto: "Lo Spirito del Signore è sopra di me: per questo mi ha consacrato con l'unzione e mi

---

[5] Il racconto di Mladen Bulic (riportato in «Medjugorje» Torino, n. 40, p. 6) prosegue così: «Dieci giorni dopo il poliziotto che l'aveva picchiato morì d'infarto, seppi più tardi. Il poliziotto principale disse a padre Jozo che egli era nemico dello Stato, del governo, che egli doveva essere eliminato e che lo sarebbe stato a poco a poco. Quel poliziotto l'aveva incatenato con dei ferri, gli aveva messo dei pesi sulle braccia e sulle gambe per farlo soffrire. Ma quando, al mattino, tornarono per prendere padre Jozo, lo trovarono libero dalle catene, e la sua cella, priva di lampadina, era illuminata».

ha mandato ad annunziare ai poveri un lieto messaggio, a proclamare ai prigionieri la liberazione, per restituire la vista ai ciechi, l'udito ai sordi, per ridare la parola ai muti e far camminare con le proprie gambe gli storpi; per rimettere in libertà gli oppressi. Lo Spirito del Signore Dio è su di me, mi ha mandato a proclamare la libertà degli schiavi, la scarcerazione dei prigionieri e ad annunciare l'anno della misericordia del Signore". Egli è venuto solo per liberare me schiavo, te schiavo che hai vissuto 40 anni di schiavitù, affinché tu possa oggi e domani inginocchiarti davanti a Lui e dire: "Apri queste catene, sciogli questi nodi, apri queste catene che imprigionano la mia vita, perché io sono da tempo incatenato, schiavo del mio terribile peccato, Tu solo hai la chiave". Anche questa sera Lui apre gli occhi al cieco ed è pronto a fare con te la stessa cosa quando ti dice: "Ti tolgo il velo affinché tu creda; qui mi puoi vedere, qui mi puoi scoprire; qui non ci sono solo due o tre nel nome mio, qui in tanti mi pregate. Io sono con voi. Io sono qui sull'altare, nell'offerta tua e mia. Non temere. Non sei solo nella vita!". È questo il grande dono della Misericordia!»[6].

Gli interrogatori mettono l'accento su quell'allusione ai 40 anni di schiavitù, perché cadono in quei mesi proprio i 40 anni dalla salita al potere di Tito e dei comunisti in Jugoslavia e si prende spunto da quella frase per accusare il frate di «sovversione», anche se – ove si trattasse davvero di un riferimento politico – sarebbe semmai un reato d'opinione, cioè la criminalizzazione del dissenso. Ma padre Jozo spiega e rispiega che il riferimento ai 40 anni non è politico: si tratta di una celeberrima metafora d'origine biblica, tipica del linguaggio cristiano, usata sempre per designare il tempo della prova a cui è sottoposto il popolo di Dio a causa dei suoi peccati, per significare il viaggio verso la Terra Promessa, verso la rinascita.

Non c'è niente da fare. Serve un pretesto per strappare il parroco da Medjugorje e chiuderlo in galera, e si usa quella frase. Tolto di mezzo padre Jozo, pensa il regime, tutto l'imbroglio di Medjugorje si dissolverà in un baleno. Così il 22 ottobre 1981 il tribunale condanna padre Jozo Zovko a tre

---

[6] Riportata in MVZ, p. 88.

anni di carcere: colpevole di «attentato alla sicurezza e all'unità dello Stato» (per aver pronunciato le parole: «Quarant'anni di schiavitù»). Subito dopo la condanna viene aggravata perché padre Jozo in carcere battezza un musulmano che, conoscendolo, si è convertito. Insieme a lui sono stati arrestati anche altri due francescani: fra Ferdo Vlasic, redattore della rivista cattolica «Nasa Ognjista», che viene condannato anche lui per i suoi articoli su Medjugorje (fra Ferdo, già molto anziano e malandato, si era già fatto otto anni di carcere comunista dal 1952 al 1960) e fra Jozo Krizic, segretario della rivista, che si prende un'analoga condanna[7].

[7] Dopo queste condanne il settimanale italiano «Il Sabato» lanciò una campagna pubblica di solidarietà: migliaia di cartoline di protesta arrivarono a Belgrado. Anche per questo il 9 luglio 1982 il tribunale federale diminuì la condanna di padre Jozo a un anno e sei mesi (lo stesso per gli altri). Tutti e tre la sconteranno nel carcere di Foca, molto duro, pieno di delinquenti comuni, assassini, trafficanti di droga, dove anche le condizioni igieniche erano terribili (tutti i detenuti, fra l'altro, erano infestati da pidocchi). Durante questa prova, vissuta con fede e umiltà francescana, alcuni carcerieri furono molto colpiti, fino alla conversione.

Capitolo 13
La liberazione degli schiavi?

È il 1° agosto del 2004. Il traghetto si è lasciato alle spalle Ancona da tre ore: già vediamo la costa dalmata nelle brume calde dell'Adriatico, poi raggiungerò in auto Medjugorje.

Quando arriviamo di fronte a Spalato, per attraccare, mi tornano in mente proprio le parole che padre Jozo pronunciò quell'11 luglio 1981 dall'altare della sua chiesa parrocchiale e che pagò molto care:

> «Egli è venuto solo per liberare me schiavo, te schiavo che hai vissuto 40 anni di schiavitù, affinché tu possa oggi e domani inginocchiarti davanti a Lui e dire: Apri queste catene, sciogli questi nodi, apri queste catene che imprigionano la mia vita».

Padre Jozo, mentre pronunciava queste parole nel 1981, non poteva immaginare che la profezia si sarebbe avverata, anche in senso storico e politico, così clamorosamente e così presto. Anche perché – a quel tempo – tali parole gli costarono l'arresto e la galera: quel regime di persecutori sembrava ben lungi dal crollare. Era fortissimo: apparati di sicurezza, esercito, monopolio del potere. E quel povero frate e i sei ragazzi sembravano così inermi da poter essere schiacciati e spazzati via con un soffio. Come si poteva pensare, nel 1981, che la dittatura titina sarebbe stata annichilita, e così presto, insieme a tutto l'impero sovietico nell'Est europeo e che i perseguitati di quell'estate 1981 avrebbero visto la rovina dei persecutori di lì a poco?

Mi viene in mente tutto questo guardando il porto di Spalato durante le lente manovre del traghetto per attraccare. Perché accanto al porto sorge tuttora, possente e ciclopico, il Palazzo di Diocleziano, costruito proprio 1700 anni fa, nel 304. Era il *Palatium* per antonomasia (da cui il toponimo Spalato). La reggia formidabile dell'ultimo persecutore feroce dei cristiani. Quell'imperatore romano aveva voluto costruire qui la sua residenza perché era originario di qua e perché la zona era più funzionale e sicura per il governo dell'impero.

Oggi su quelle pietre colossali svetta un alto campanile con la croce e il mausoleo dell'imperatore è stato trasformato in chiesa: è la cattedrale di Spalato dedicata a san Doimo, primo vescovo e martire della città, fatto uccidere proprio da Diocleziano. Vengono in mente le parole dell'umile ragazza di Nazaret nel *Magnificat*: «Ha rovesciato i potenti dai troni e ha innalzato gli umili».

I cristiani perseguitati dell'impero romano non potevano neanche sognare, nel 304, che di lì a pochi mesi Diocleziano avrebbe inspiegabilmente abdicato, sarebbe salito al trono Costantino e, nel 312, tutto si sarebbe capovolto. Solo in otto anni. E i cristiani perseguitati dall'impero comunista – che proprio su questa riva aveva la sua frontiera sud-occidentale – come potevano immaginare nel 1981 di veder implodere nel nulla il grande moloch persecutore (anche in questo caso solo otto anni dopo)? Il Papa ritiene che ci sia la lieve eppur potentissima mano di Maria in questi incredibili eventi, in questo rovesciamento di potenze ed esaltazioni di umili.

E il mistero di Medjugorje – un evento inimmaginabile al di là della cortina di ferro – ha qualcosa a che fare con il crollo del comunismo e soprattutto con le apparizioni di Fatima che vengono tradizionalmente legate a quegli eventi del Novecento? Vedremo, in seguito, anche questo.

Intanto mi lascio Spalato – e questi pensieri – alle spalle e percorro verso sud la splendida costa croata devastata a tratti da una urbanizzazione selvaggia davanti alle sue mille isole. Perché prima bisogna raggiungere la meta, vedere i luoghi, incontrare i testimoni e i protagonisti, studiare i documenti, ricostruire i fatti, indagare. Sono veramente credibili i sei ragazzi?

Capitolo 14
Inchiesta sui veggenti

Sono a Medjugorje il 2 agosto 2004 e assisto all'apparizione mensile di Mirjana. Ovviamente è un evento intimamente sconvolgente, ma sono qui per indagare e – corazzato dalla necessaria freddezza richiesta a chi fa una inchiesta – resto colpito da altri dettagli che colgo nei racconti dei testimoni, particolari solitamente inosservati e da tutti tralasciati.

Il «caso Milka», per esempio. È la sorella di Marija. È lei che, insieme a Mirjana e Ivanka, vede la Madonna il primo giorno, mercoledì 24, e poi non la vedrà più perché la Madonna sceglierà i sei che vanno il giovedì 25, quando Milka non c'è. Sebbene lei sia tornata sul Podbrdo il venerdì 26 e poi, dopo, tante volte ancora, non la vedrà più. Oggi, con mitezza, confida: «Il terzo giorno anche io sono tornata con loro, ma non ho visto più niente: vuol dire che così volevano il Signore Dio e la Madonna».

Perché questa sua strana vicenda? Peraltro è analoga a quella di Ivan Ivankovic (anche lui c'era il giorno 24, ma poi non la vedrà più non essendo tornato il 25 giugno, ma solo nei giorni successivi). Sembrerebbe una doppia bizzarria. Nessuno ha riflettuto sul loro caso: né gli avversari delle apparizioni (che sembrano disinteressati a indagare sui fatti senza pregiudizi), né i favorevoli, ai quali forse sembrerebbe di dover imputare una «stranezza» o un errore a Colei che appare. Ma è davvero una stranezza o un errore?

A ben vedere invece fornisce una preziosa prova di autenticità e quindi potrebbe esserci una razionalità, potrebbe esserci un motivo nella vicenda di Milka e Ivan. Essa infatti dimostra che non basta voler vedere la Madonna, anche a chi l'ha vista il primo giorno (non è dunque un'autosuggestione o una proiezione personale di qualche natura, ma un evento deciso liberamente da Colei che appare). E dimostra pure un'altra cosa: se questa storia delle apparizioni era una frode orchestrata da un gruppo di ragazzi, Milka e Ivan come si spiegano? Se partecipavano alla messinscena degli altri sei avrebbero dichiarato di vederla anche nei giorni successivi, come gli altri. Se non ne erano partecipi avrebbero negato di averla vista sul Podbrdo anche quel mercoledì. E invece i due testimoniano di averla vista il 24 giugno, ma non più – e con gran dispiacere – nei giorni successivi, proprio come se non si trattasse di una finzione e lì fosse apparsa veramente una presenza soprannaturale che decide liberamente chi e quando chiamare.

Non a caso – è un altro particolare poco notato – ben cinque volte (cioè cinque giorni non consecutivi) accade, in quei primi mesi che i ragazzi si recano all'«appuntamento», pregano e la Madonna non appare. «Quelle mancate apparizioni» osserva giustamente padre Janko Bubalo «ci confermano ancor di più che non si è mai trattato di allucinazioni o di autosuggestioni. Se essa davvero non appare, i ragazzi non la vedono»[1].

Altri dettagli inosservati, ma che sollevano interrogativi importanti. Ivanka, ancora profondamente turbata dalla morte della madre, poteva partecipare a cuor leggero a una messinscena che chiamava in causa pure la madre appena

---

[1] In VB, p. 233. Padre Bubalo attribuisce lo stesso significato ad altri comportamenti «sorprendenti» della Madonna: per esempio i casi in cui Lei addirittura aspetta i veggenti in casa loro, a loro insaputa o quando lei stessa avverte i ragazzi, per strada, di affrettarsi. Tutto questo dimostra, secondo padre Bubalo, «che lei appariva quando e dove voleva, senza dipendere dal pensiero di nessuno».

morta e metteva in pericolo il padre costretto a vivere da emigrante in Germania? Inoltre: avrebbero potuto reggere, nel tempo e senza mai smentirsi, una così assurda menzogna, dei ragazzini dai 10 ai 16 anni, sottoposti a pesantissime angherie, minacce e intimidazioni da parte della polizia e del regime? Non dimentichiamo poi che una volta tornati a scuola, nell'ottobre 1981, ognuno dei ragazzi ha dovuto subire soprusi e umiliazioni pure nell'ambiente di studio, dalle autorità scolastiche e anche dai compagni, talvolta temendo perfino per la propria incolumità fisica (Mirjana, che studiava a Sarajevo, lontano dagli altri cinque, isolata e discriminata nella scuola, ha raccontato: «Ogni mattina veniva a prendermi un'auto del ministero degli Interni. Non sapevo mai se sarei tornata a casa. Avevo paura, anche se cercavo di nasconderlo. Pensavo comunque che se fossi morta sarebbe stato per volontà di Dio»).

Oltretutto la presunta menzogna provocava pesanti conseguenze anche sulle loro famiglie (già in condizioni di vita assai precarie) a cui tutti i sei ragazzi erano alquanto attaccati. Infine i giovani di Bijakovici sapevano bene (anche per esserselo sentito ripetere dai poliziotti urlanti) che – tenendo ferma quella loro testimonianza – il loro stesso avvenire sarebbe stato compromesso. Poiché nessuno poteva prevedere il crollo del regime comunista, sapevano bene che, perdurando con questa storia delle apparizioni, loro avevano davanti una vita estremamente difficile. Il caso di padre Jozo (e non solo il suo) mostrava che c'era pure il rischio non remoto di finire in una galera per sovversivi[2] e rovinarsi l'esistenza.

Inoltre, se fosse stato tutto un imbroglio, avrebbe avuto il carattere di una pesantissima profanazione della fede cristia-

---

[2] Va precisato che attorno al 1987 il regime jugoslavo inspiegabilmente cessò le sue persecuzioni dirette sui veggenti e contro Medjugorje (ovviamente con grande gioia dei diretti interessati), ma con gli anni si era fatta più dura l'opposizione del vescovo di Mostar, monsignor Zanic, che all'inizio era favorevole alle apparizioni.

na e della Chiesa: prima o poi doveva trapelare nei protagonisti della macchinazione – nell'arco di 23 anni – un «animus» dissacratorio o comunque ostile alla Chiesa o indifferente alla fede. Invece è accaduto l'opposto. Adolescenti del tutto normali, con gli hobby, i divertimenti e le aspirazioni di tutti, d'improvviso – a partire dall'incontro che accade il 24 giugno 1981 – iniziano un cammino di conversione cristiana impressionante, cosicché, con semplicità e umiltà, senza fanatismi né esaltazioni, abbracciano una vita cristiana fortemente improntata alla preghiera[3] e alla penitenza[4], ma anche piena di entusiasmo, di felicità e di amicizia cristiana, come emerge dalla semplicità di questi flash: «Quando, come gruppo di preghiera, abbiamo iniziato l'adorazione notturna, verso le tre di mattina cominciavamo ad avere sonno. Allora, sapendo che a quell'ora avremmo attraversato il nostro "momento debole", abbiamo incominciato a leggere e a cantare i salmi. Così erano passate anche le quattro del mattino, alle cinque arrivava il sacerdote per la Santa Messa e alle sei ritornavamo alle nostre case. Dopo una notte di preghiera eravamo così contenti che salutavamo la gente che usciva di casa ancora addormentata, perché si era appena svegliata, mentre noi eravamo pieni di gioia. Così abbiamo cominciato a sentire questo bisogno e questa dolcezza della preghiera»[5].

Che dai 15 anni fino alla condizione adulta, per tutta la giovinezza, si rinunci di colpo a tutti i normali divertimenti di quell'età, cui si è abituati, e perfino al sonno, per dedica-

---

[3] «All'inizio pregavamo perché volevamo che la Madonna continuasse a stare con noi, poi abbiamo cominciato a sentire il bisogno della preghiera e attraverso di essa di capire di più la Madonna e di stare più vicini a Gesù», Ma, p. 63.

[4] Com'è noto, nella sua essenzialità, lo stile di vita di Medjugorje, direttamente chiesto dalla Madonna ai ragazzi, comporta il digiuno a pane e acqua il mercoledì e venerdì, la messa quotidiana, il rosario recitato ogni giorno in tutte e quattro le sue parti.

[5] Ma, p. 64.

re ore e ore della giornata alla preghiera (spesso col digiuno), disposti pure a subire pesanti persecuzioni e sofferenze (anche sulle proprie famiglie)... beh, chi mai potrebbe farlo e perseverare per decenni per continuare con una burla di gioventù? È ragionevole invece pensare che sia accaduto qualcosa di straordinario, in quei giorni di giugno[6].

Si può obiettare che sia gratificante, per dei ragazzi come per gli adulti, trovarsi al centro dell'attenzione e oggi addirittura sotto i riflettori del mondo. Ma anche questa obiezione alla prova dei fatti si dimostra inconsistente e addirittura ridicola. Perché quando è iniziato il fenomeno – come si è detto – era tutt'altro che gratificante trovarsi sotto i riflettori, esposti alle calunnie (e alle angherie) del regime e dei mass media, alla diffidenza degli stessi ecclesiastici e pure dei vicini e dei parenti, allo scherno dei coetanei. Oggi poi – che potrebbero davvero essere delle «star» e diventare perfino dei fenomeni della società mediatica – nessuno dei sei veggenti si è mai fatto sedurre. Tutti vivono in un modo semplice e discreto, proteggendo gelosamente la loro vita personale e familiare dai tanti curiosi e dalla voracità dei media, senza mai proporsi come «primedonne» nemmeno a Medjugorje

---

[6] Padre Slavko Barbaric, come studioso di psicologia, ha pubblicato nel 1982 un saggio in cui ha raccolto i risultati di mesi di osservazione e studio dei veggenti che ha potuto realizzare a Medjugorje. Fra l'altro scrive che «date le circostanze, bisogna dire che questo "interesse" della Madonna è indirizzato contro i loro interessi personali e privati... Con la piega presa dagli avvenimenti, la vita privata e personale dei giovani di Bijakovici è andata completamente distrutta, ogni giorno essi devono trascorrere in chiesa due o tre ore, sono costretti a ripetere ai visitatori le stesse cose un numero infinito di volte, possiamo affermare che i loro interessi personali sono stati trascurati». Nelle sue conclusioni Barbaric afferma che questo gruppo «per la propria struttura e stabilità, per la durata e gli "interessi", rappresenta un fenomeno inspiegabile alla luce delle attuali esperienze e della psicologia di gruppo. In tutti questi elementi il gruppo trascende se stesso. L'approccio psicologico arriva a un limite davanti al quale deve ammettere che occorre prendere in considerazione un fattore al di fuori di loro, attraverso il quale essi si spiegano, cioè la Madonna. E qui vale la regola che si applica nei confronti del cliente e dell'esaminando: finché non si dimostra il contrario, bisogna credergli» (in «Zbornil Krsni Zavicaj» n. 15, 1982).

dove tutta l'intensa vita cristiana dei (milioni e milioni di) pellegrini e degli abitanti ruota attorno alla chiesa, alla parrocchia e ai tanti momenti di preghiera guidati dai frati e non certo attorno a loro.

Per gli abitanti di Bijakovici e gli amici, i veggenti sono rimasti ciò che erano prima: persone come tutti. Le loro case sono come quelle di tutti, nel mezzo a quelle di tutti. Semmai ciò che è importante, per il popolo di Medjugorje, è la Madonna presente fra loro, non i ragazzi – oggi cresciuti – attraverso i quali lei fa arrivare i suoi messaggi.

Quando si raggiungono e viene loro richiesto, non si sottraggono alla testimonianza della loro esperienza, ma senza strafare, con sobrietà, simpatia e senza affettazione. Non mi sono sembrati per nulla smaniosi di esporsi. Anzi, mi è sembrato il contrario. Quando li ho incontrati ho avuto la stessa impressione «giornalistica» che ebbe, anni fa, il professor Giorgio Sanguineti[7] con l'occhio dello specialista di psichiatria. Nel suo «rapporto» – redatto in base a una lunga esperienza clinica – afferma «di non cogliere nella loro mimica, nel loro comportamento o nelle loro parole alcunché di psicopatologico, di tipo delirante, allucinatorio o isterico... In tutti i miei contatti con i ragazzi "veggenti" di Medjugorje, non ho mai rilevato, in nessuna occasione, alcun pensiero, sguardo, discorso, atteggiamento o comportamento di tipo patologico. I "veggenti" conducono una vita normale, integrati nelle loro comunità e nelle loro famiglie, vengono trattati dagli altri (parenti, amici, preti) come se veggenti non fossero ed essi stessi si comportano con le altre persone come se non fossero diversi dagli altri o da loro stessi prima che diventassero veggenti. Non esiste pertanto il fenomeno della suggestione collettiva... Nella conversazione si rendo-

---

[7] Il professor Sanguineti, psichiatra e docente di criminologia all'Università di Milano, ha partecipato alle équipe di studio sui veggenti di Medjugorje, dove si è recato il 26, 27 e 28 aprile 1985, incontrando Vicka, Marija, Ivanka, Ivan e Jakov.

no disponibili al colloquio traendo un vago sforzo di rassegnata pazienza a dover sempre rispondere alle stesse domande ed in queste non sono né appassionati, né reticenti, né esibizionisti. Risultano invece pacati, tranquilli e gentili. Non cercano di convincere, né vanno oltre quanto è loro chiesto; il loro sorriso non è trionfante[8], né malizioso, né stereotipo. La loro mimica esprime solo gentilezza e buona volontà. Certamente non cercano né un pubblico, né ascoltatori; non danno interpretazioni o opinioni personali sulle loro esperienze mistiche; si limitano a riferire i fatti e a dichiararsi contenti».

Un'ultima conclusione dello specialista: «Qualcosa di non comune, di eccezionale esiste, ma risulta strettamente limitato al breve periodo della "visione". Nulla tuttavia autorizza a sostenere che in quella loro esperienza i "veggenti" esprimano un qualsiasi disturbo della loro personalità».

Il professor Ivo Sisek, neuropsichiatra di Zagabria, membro della Commissione Vescovile di Mostar, dopo aver letto questo rapporto, scrisse, nel luglio 1985, al collega, chiedendogli «con quali metodi e parametri» ha definito la personalità dei veggenti.

Il professor Sanguineti rispose in data 16 settembre 1985 che aveva «escluso manifestazioni psicopatologiche semplicemente sulla base della osservazione ed utilizzando la mia lunga esperienza clinica sia con soggetti psicotici che nevrotici. Penso inoltre che le "visioni" costituiscano un'esperienza trascendente proprio in quanto si manifestano in giovani che ritengo normali. Mi è parso cioè che, in ognuno di loro, la "visione" non costituisce un fenomeno psichico soggettivo, ovvero che nasce da pulsioni conscie o inconscie dei "veggenti", ma invece un'esperienza trasmessa da una forza esterna che naturalmente provoca in loro un'intensa reazione sia emotiva che conoscitiva».

---

[8] In precedenza, nel rapporto, il professor Sanguineti ha spiegato che questa espressione è invece tipica dei «deliri paranoici a sfondo mistico».

Per un curioso paradosso risultano provvidenzialmente preziose le indagini persecutorie del regime comunista. Perché anche le visite medico-psichiatriche a cui furono sottoposti i ragazzi nei primi giorni delle apparizioni – e cioè il 27 giugno a Citluk, dove furono esaminati dal dottor Ante Vujevic e il 29 giugno a Mostar, studiati dalla dottoressa Mulija Dzudza – erano pervenute alle stesse conclusioni del dottor Sanguineti. Questo nonostante le pressioni del regime per ottenere una qualche diagnosi contraria ai veggenti. Nel 1982 e nel 1983 inoltre i sei ragazzi furono visitati anche dal dottor Ludvik Stopar, psichiatra, ipnoterapeuta, parapsicologo, direttore del Policlinico di Maribor in Slovenia, e anch'egli arrivò alle stesse conclusioni. Anzi, ottenne un risultato ulteriore. Sottopose a ipnosi la veggente Marija Pavlovic e riscontrò che il suo racconto delle apparizioni in stato ipnotico era identico a quello da lei fatto allo stato cosciente: «Secondo lui è rigorosamente provata la sincerità della veggente»[9].

Incontrando nel 2004 i veggenti, anch'io, come tutti, ho trovato persone serene, equilibrate e normali pure nei piccoli difetti. Persone anche molto consapevoli dei propri limiti di cui sorridono con tranquillità. Non dei propagandisti né dei «visionari», ma dei cristiani. Nessuno – per quante ricerche io abbia fatto – ha mai testimoniato di aver sentito dalle loro labbra (o da quelle dei frati di Medjugorje), in questi 23 anni, parole di odio verso i loro persecutori o recriminazioni verso quegli ecclesiastici che hanno espresso giudizi molto pesanti su di loro (affabilmente rispondono: «Quando sarà il momento tutti vedranno e capiranno». Questa è

---

[9] LR, p. 178. Un problema si verificò in quella circostanza riguardo a uno dei segreti ricevuti dalla Madonna su cui i veggenti tengono il più stretto riserbo. Durante l'ipnosi infatti Marija involontariamente (non essendo cosciente) «rivelò il segreto che aveva rigorosamente mantenuto nello stato cosciente. Il dottor Stopar ha strettamente tenuto per sé il segreto, come vuole l'etica professionale».

la risposta che ognuno dei sei dà, con un sorriso, agli attacchi)[10].

Silenziosamente, lo stile di vita che hanno imparato da ragazzi – grazie alla vicinanza della Madonna, come dicono loro – si è fortificato negli anni, mano a mano che crescevano, si diplomavano o si laureavano e si sposavano. Una vita cristiana, la loro, che sotto le apparenze della normalità, è fortemente ascetica e ha coinvolto prima decine e centinaia di loro coetanei nel loro villaggio (ho conosciuto uomini e donne straordinarie) e nella loro terra e poi milioni di persone nel mondo[11].

Ed è stato un cammino cristiano su cui nessuno – neppure i più duri critici – ha mai potuto obiettare dal punto di vista dell'ortodossia cattolica. Un cammino iniziato da una normale attrazione umana (come quando s'incontra qualcuno e ci si innamora). Marija Pavlovic racconta con la sua consueta semplicità: «Siamo cresciuti spiritualmente con la Madonna. Ci siamo in un certo senso innamorati di lei. Specialmente all'inizio non dico che eravamo dipendenti, tuttavia, la bellezza del suo viso e la sua voce quando parlava ci attiravano... Poi, pian piano, ci ha portato verso Gesù, verso la Chiesa, verso l'Eucarestia e ci ha fatto scoprire un mondo così grande, così immenso»[12].

---

[10] Anche nel deflagrare degli odi etnici della guerra, Medjugorje fu un'oasi di perdono. Da lì è sempre arrivata l'esortazione a pregare per i nemici e per i persecutori, invito che – soprattutto in quelle drammatiche circostanze – è semplicemente eroico (cfr. L2, pp. 25 e 73).

[11] «Con la Madonna abbiamo imparato a vivere la religione tradizionale in un modo nuovo e profondo. Per noi la santità era solo per le suore di clausura o per alcune categorie di sacerdoti... Poi con la Madonna abbiamo imparato che la santità è in realtà per ognuno di noi» (Ma, p. 33).

[12] Ma, p. 34.

Capitolo 15
L'indagine della scienza

Bisogna andare a vedere, a toccare con mano, a scalare quel colle di sassi aguzzi del Podbrdo, magari perfino calcolare col binocolo da quale punto della strada sottostante possono aver visto così in alto una figura di donna, valutare le testimonianze, vedere la quantità di conversioni e «guarigioni» di ogni tipo che lì si verificano, ascoltare i sei veggenti, osservare quegli occhi che da 23 anni diventano raggianti alle 17,45 del pomeriggio quando «incontrano» una presenza eccezionale.

A molti basta per concludere che in questo borgo dell'Erzegovina appare la Madre di Cristo. Ma non a tutti. «È francamente difficile da accettare – anche per chi da cattolico crede a Lourdes e Fatima – che la Madonna continui davvero ad apparire ogni giorno, per anni, e addirittura a lanciare centinaia di accorati messaggi come mai prima, nella storia, è accaduto». Questo obietta un altissimo prelato cattolico che non sono autorizzato a citare[1]. Ci sono le ripetute visite medico-psichiatriche a escludere l'allucinazione e qualsiasi altra patologia e ad avvalorare la sincerità

---

[1] Padre Laurentin ricorda tuttavia che la storia della mistica rende del tutto plausibile il caso Medjugorje. Per esempio «Benoîte Rencurel, veggente di Nostra Signora di Laus, ebbe dei colloqui con la Vergine dal maggio 1664 alla sua morte il 28 dicembre 1718, il tutto durato più di 54 anni» (L2, p. 88).

dei veggenti. Ma in effetti possono non bastare queste visite che hanno dato tutte un verdetto univoco di sanità, riconoscendo che i veggenti non mentono. Ci vorrebbe, dicono i più scettici, una certezza scientifica ancora superiore e naturalmente poterla conseguire sarebbe molto interessante anche per la nostra inchiesta, perché noi cerchiamo la verità, tutta la verità, nient'altro che la verità. Ma è possibile avere dati oggettivi, indiscutibili, come quelli forniti da analisi mediche realizzate con fredde apparecchiature tecnologiche?

Ebbene, forse per la prima volta nella storia, siamo in grado di avere una chiara e dettagliata risposta della scienza a questa domanda: cosa accade quando i sei ragazzi di Medjugorje dicono di vedere la Madonna? Fingono o si verifica davvero qualcosa? E, nel caso, hanno veramente di fronte una presenza esterna o una propria allucinazione?

Non era mai accaduto in precedenza, sia perché erano altri tempi e la scienza non disponeva di apparecchiature adatte e di conoscenze utilizzabili; sia perché il protrarsi nel tempo di questo fenomeno e la sua regolarità quotidiana, ne fanno un caso straordinario e una situazione privilegiata per gli studiosi.

Dunque, una prima «spedizione» scientifica italiana[2] si reca a Medjugorje il 3-4 febbraio e il 22 marzo 1984. La dottoressa Federica Maria Magatti – anestesista – sottopone i veggenti a un'indagine clinica «per valutare la loro sensibilità e la loro reattività a stimoli sensori, tattili, luminosi e dolorifici». E scopre che prima e dopo le apparizioni rispondo-

---

[2] I risultati di tutte queste indagini (compresi i rapporti Barbaric e Sanguineti) si trovano nel *Dossier scientifico su Medjugorje* curato da Luigi Frigerio, Giacomo Mattalia e Luigi Bianchi. Il dossier – ne ho una copia dattiloscritta perché non risulta essere stato ancora pubblicato – è molto ricco di notizie, ma purtroppo anche disordinato. Gli stessi dati anche in Sp. Per quanto riguarda invece la «spedizione» francese, di cui parleremo, vedi JOYEUX-LAURENTIN, *Etudes Médicales et Scientifiques sur les apparitions de Medjugorje*, Oeil, Paris 1985.

no come tutti agli stimoli, dei diversi tipi, ma durante l'apparizione – e solo in quel lasso di tempo – essi non manifestano alcuna sensibilità agli stimoli anche di tipo doloroso, pur mantenendo «assoluta normalità di atteggiamento»[3]. Lo stesso fenomeno di insensibilità al dolore, durante le apparizioni, fu osservato a Lourdes su Bernadette[4].

Il dottor Luciano Cappello segnala anche tre inspiegabili sincronismi provocati dall'apparizione: «I ragazzi dopo aver iniziata la preghiera del *Padre Nostro*, senza alcun comando percepibile dall'esterno», nell'istante in cui accade l'apparizione, «tutti contemporaneamente cadono in ginocchio. Inizia così la fase del black-out sonoro: mentre infatti prima le loro preghiere erano percepibili acusticamente, da quel momento non si odono più, benché i ragazzi continuino a pregare» (cioè continuano a muovere le labbra e ad ascoltare se stessi, ma nessuno – fuori da loro sei – sente il suono). È il primo sincronismo.

Ed ecco il secondo: «Contemporaneamente e senza nessun comando che derivi dall'esterno, i ragazzi riprendono l'effetto sonoro della parlata sempre con le parole: "...che sei nei Cieli". Essi infatti spiegano che, quando la Madonna inizia da sola la recita del *Padre Nostro*, essi lo continuano con Lei, dicendo: che sei nei Cieli». Infine il terzo sincronismo: si ha quando, alla fine, i ragazzi «tutti insieme salutano la Madonna... In quel momento tutti e sei, con assoluto parallelismo dello sguardo, innalzano contemporaneamente gli occhi al cielo, come se seguissero un punto visibile solo a loro

---

[3] Studi successivi, condotti con apparecchiature più sofisticate, hanno «dimostrato in modo inequivocabile che durante l'estasi esiste un innalzamento della soglia dolorifica pari almeno al 700 per cento» (Frigerio-Mattalia). C'è stato pure qualche sconsiderato che ha voluto appurare questo fenomeno con metodi assai più rozzi: durante una delle apparizioni così un tale ha bucato per ben due volte la spalla di Vicka con uno spillone. Vicka non ha avvertito alcun dolore e non ha mostrato alcuna reazione scoprendo poi, stupita, dopo l'apparizione, una macchia di sangue sulla sua spalla.

[4] Cfr. RENÉ LAURENTIN, *Bernadette vi parla*, San Paolo, Milano 1986, p. 57.

che si leva in alto. Ripeto: non c'è uno sguardo che si innalza prima e uno che si innalza dopo, ma – come si vede anche da videoregistrazioni – la contemporaneità e il parallelismo di questo gesto sono assoluti».

Se per il primo sincronismo potrebbe – teoricamente – essere possibile prendere un accordo in precedenza, «gli altri non sono spiegabili naturalmente e rimandano a cause da noi non percepibili» (va detto che i ragazzi, durante le apparizioni comuni, stavano su una stessa linea, quindi non si vedevano fra di loro e non potevano farsi alcun cenno d'intesa[5]).

Ma l'équipe più attrezzata è quella coordinata dal professor Henri Joyeux dell'Università di Montpellier che si reca a Medjugorje il 24-25 marzo, il 9-10 giugno, il 6-7 ottobre e il 28-29 dicembre dell'anno 1984. Si tratta di applicare dei macchinari che tengano sotto controllo i dati fisiologici dei veggenti durante l'apparizione. La conclusione di queste elaborate analisi – come viene riassunta dal dottor Giacomo Mattalia – è che «non si tratta di sonno, sogno, né di epilessia (lo dimostrano gli elettroencefalogrammi); non si tratta di allucinazione nel senso patologico del termine. Non è un'allucinazione uditiva o visiva legata a un'anomalia a livello dei recettori sensoriali periferici (poiché le vie uditive e visive sono normali). Non è un'allucinazione parossistica: lo dimostrano gli elettroencefalogrammi. Non è un'allucinazione di tipo onirico come possono essere osservate nelle confusioni mentali acute o nel corso della evoluzione delle demenze atrofiche. Non si tratta di isteria, di nevrosi o di estasi patologica perché i veggenti non hanno alcun sintomo di

---

[5] Successive indagini condotte con apparecchiature specifiche hanno dimostrato che, quando «sparisce» la voce dei veggenti per gli ascoltatori esterni al gruppo dei sei, in realtà la fisiologia dei veggenti (a cominciare dai movimenti muscolari del diaframma) continua a funzionare come durante il parlare normale. Cosicché i veggenti si dimostrano ancora una volta sinceri quando, stupiti per il fatto di non essere uditi, spiegano che loro continuano sempre a parlare normalmente.

queste affezioni (...), non si tratta di catalessi, perché durante l'estasi i muscoli della mimica non sono inibiti, ma funzionano normalmente».

Insomma, durante l'apparizione non c'è nessuna modificazione dei parametri fisiologici precedenti o successivi l'apparizione, ma in quel lasso di tempo accade qualcosa di eccezionale all'esterno dei ragazzi che viene recepito dai sei veggenti i quali ne sono totalmente assorbiti, perché «i movimenti di attenzione del globo oculare dei ragazzi cessano simultaneamente all'inizio dell'estasi e riprendono immediatamente alla fine. Durante il fenomeno estatico gli sguardi convergono e c'è come un faccia a faccia tra i veggenti e la persona che è oggetto delle loro visioni».

Da tutto questo gli studiosi concludono che «a Medjugorje le estasi non sono patologiche e non c'è imbroglio» (dal momento che le modificazioni fisiologiche che si producono durante le apparizioni non possono essere volontarie). Perciò l'équipe del professor Joyeux dichiara che «il fenomeno delle apparizioni di Medjugorje si rivela scientificamente inspiegabile», infatti «nessuna denominazione scientifica pare adatta a designare questi fenomeni. Si potrebbero definire come uno stato di preghiera intensa, separata dal mondo esterno, uno stato di contemplazione e di comunicazione coerente e sana, con una persona distinta che essi solo vedono, odono e possono toccare»[6].

Una nuova missione – stavolta italiana – è a Medjugorie dall'8 al 10 marzo 1985, coordinata dal dottor Luigi Frige-

---

[6] Il professor Joyeux ha condotto un nuovo ciclo di studi a Medjugorje nell'aprile 2001, da cui è emersa la conferma dei precedenti risultati, specialmente per quanto riguarda l'isolamento sensoriale che si realizza, nei veggenti, durante l'apparizione: «Per esempio, durante un'apparizione emisero dei lampi di luce abbagliante davanti agli occhi dei ragazzi, che non manifestarono alcuna reazione, come se non li avessero visti. I loro sensi erano come sospesi. Allo stesso modo vennero prodotti dei suoni assordanti nelle orecchie di Ivan, che non ebbe alcuna reazione. Non aveva sentito niente» (CS, p. 306).

rio e dal dottor Giacomo Mattalia. E poi di nuovo nel settembre 1985. I dati raccolti dalla strumentazione dell'équipe italiana confermano le conclusioni dell'équipe francese. Interessanti però sono alcuni particolari nuovi come quelli emersi dallo studio pupillometrico dei veggenti. Il dottor Frigerio e il dottor Farina premettono che «la pupilla di un soggetto normale si dilata quando si verifica una riduzione della luce ambientale e si restringe quando la lux-metria aumenta». Dunque – a condizioni immutate di luce – non dovrebbe verificarsi alcuna variazione dei diametri pupillari. Ebbene, il 7 settembre 1985 viene sottoposta a esame la pupilla di Marija Pavlovic e si scopre che poco prima dell'estasi «presentava un diametro pari al 36 per cento del diametro totale dell'iride. Durante l'estasi invece la pupilla appariva dilatata con un diametro pari al 55 per cento del diametro totale dell'iride. Subito dopo l'estasi la pupillometria si riduceva e, a condizioni invariate di luce, risultava del 32 per cento rispetto al diametro dell'iride». Lo stesso fenomeno si verificherà il giorno successivo con Jakov Colo.

Come si spiega un fenomeno simile? Ovviamente nessuno può produrre volontariamente simili modificazioni nella propria pupilla e – siccome le condizioni esterne di luminosità sono rimaste immutate prima, durante e dopo l'estasi – si tratta di una variazione che viene prodotta da un evento esterno, da una «presenza» che viene percepita solo da loro e che quindi provoca quei cambiamenti rilevabili con i macchinari nella fisiologia dei sei giovani[7]. Una presenza la cui permanenza – percepita dai sensi dei veggenti[8] – dura esattamente la durata dell'estasi.

---

[7] I medici italiani hanno potuto constatare che durante l'estasi si verificano anche altri fenomeni, come una forte riduzione dei movimenti delle palpebre e una notevole variazione delle pulsazioni cardiache dei veggenti.

[8] Impossibile però definire in che modo realmente i sei giovani di Medjugorje vedano la Madonna, perché hanno verificato di poterla vedere anche se, nei minuti della visione, chiudono gli occhi. Tuttavia lo studio di tutti i dati (tantissimi) di cui disponiamo induce ad affermare che la «visione» viene dall'esterno. Osserva Slavko Barbaric: «Tutti vedono alla stessa maniera, tutti reagiscono alla stessa manie-

L'8 ottobre 1985 gli studiosi che hanno raccolto dati a Medjugorje si riuniscono per fare il punto dell'indagine e dai verbali della riunione emergono una serie di altri dati assai significativi. Innanzitutto le misurazioni relative alla sensibilità al dolore che confermano la precedente indagine: «Risultato di tutto questo studio» ha dichiarato il professor Maurizio Santini «è stato di rilevare una anestesia completa e transitoria limitata al periodo dell'estasi. Nella letteratura medica non sono descritti casi di questo genere».

Il professor Marco Margnelli, neurofisiologo, ha utilizzato a Medjugorje il poligrafo psicofisiologico, una specie di macchina della verità, per stabilire se i veggenti mentivano (poiché il «riflesso psicofisiologico costituisce un indice importante: può svelare la frode, rivelare uno stato diverso di coscienza e informare se il soggetto ha emozioni oppure no»). Dopo lo studio, ha affermato il professore, «posso concludere che non c'è frode o simulazione».

Ulteriori ricerche scientifiche realizzate più di recente, nel 1998, non hanno apportato novità di rilievo[9]. Quali conclusioni si devono trarre da anni di indagini scientifiche dai risultati univoci[10]? Sarà il lettore che mi segue in questa in-

---

ra, tutti descrivono alla stessa maniera la visione. Si esclude quindi l'esperienza meditativa o carismatica dell'immagine e quella einetica cui vanno soggetti specialmente i ragazzi (si tratta della tendenza a "trasformare" i propri desideri in immagini che vengono poi percepite come reali)».

[9] Cfr L4, pp. 56-59 e CS pp. 310-313.

[10] Una commissione scientifica e teologica internazionale, formata da 17 fra scienziati, dottori, psichiatri e teologi, dopo alcuni anni di studi, ha tratto nel 1986 queste conclusioni in dieci punti («documentabili dal punto di vista psicologico, medico e pastorale») che ha messo a disposizione del Magistero della Chiesa. 1) Le indagini psicologiche permettono di escludere con certezza la frode e l'inganno da parte di tutti i veggenti. 2) Secondo gli esami medici si può escludere con certezza che si tratti di allucinazioni patologiche. 3) Secondo le indagini psicologiche e mediche si deve escludere una spiegazione puramente naturale di questi fenomeni. 4) Secondo le osservazioni documentabili non è possibile ritenere una spiegazione di questi fenomeni che sia di ordine preternaturale ossia di origine diabolica. 5) Secondo le osservazioni sempre documentabili c'è corrispondenza sia sotto l'aspetto medico che sotto l'aspetto pastorale con i fenomeni descritti abitualmente nella teologia

dagine a trarre conclusioni alla fine dell'inchiesta. Il mio compito è la narrazione veritiera e leale dei fatti[11]. Tuttavia a me sembra più razionale e realistico ritenere – da questo momento – che i sei giovani di Medjugorje si trovino davvero di fronte a una presenza soprannaturale, piuttosto che no. Perché una quantità di dati fattuali induce a dar loro credito, mentre non sono riuscito, per ora, a trovare dati concreti e significativi che dimostrino o anche solo facciano sospettare il contrario[12].

«Chi crede ai miracoli» scriveva Gilbert K. Chesterton «lo fa perché ha *delle prove* a loro favore. Chi li nega lo fa perché ha *una teoria* contraria ad essi». Mi sembra esattamente il nostro caso. Al momento. Troveremo alla prossima tappa della nostra indagine la prova provata che è tutta una montatura o almeno qualche obiezione insormontabile?

---

mistica. 6) Secondo informazioni sicure si può parlare con certezza di progressi spirituali e morali per i "veggenti" dall'inizio di questi fenomeni fino ad oggi. 7) Non si può trovare un insegnamento scaturito da queste "rivelazioni" che sia in contraddizione con la Fede o la morale cristiana. 8) Dopo più di quattro anni nessuno può negare i frutti spirituali buoni su tutto il Popolo di Dio coinvolto in questi fenomeni. 9) Non si può ritenere che sia nato intorno a questi fenomeni qualche movimento nella Chiesa che sia in contraddizione con la Fede o la morale cristiana. 10) Quindi secondo la prassi abitualmente usata in casi simili nella Chiesa non si può rifiutare per adesso il "nihil obstat" alle devozioni e alle manifestazioni pubbliche di culto osservando con grande cautela e prudenza pastorale l'evolversi della situazione in modo da poter arrivare, una volta terminati questi fenomeni, alla conclusione sulla Verità e il carattere soprannaturale di codesti fatti.

[11] Va sottolineato però che quelle di Medjugorje sono le apparizioni più studiate della storia, dal punto di vista scientifico. Forse potremmo dire addirittura che rappresentano l'unico caso che ha potuto essere davvero indagato approfonditamente dagli studiosi e nelle condizioni ottimali. Quindi, l'obiezione tradizionalmente usata da un certo scetticismo scientista – quella secondo cui gli eventi miracolosi non possono essere osservati e misurati dalla scienza, quindi non esistono – qui è del tutto spazzata via alla radice.

[12] A meno che non si vogliano considerare obiezioni fattuali serie l'argomento per cui quella di Medjugorje sarebbe una Madonna troppo «chiacchierina» o il fatto che i sei veggenti sono sposati e non hanno scelto la vita religiosa (il matrimonio mi risulta essere un sacramento della Chiesa). Queste appena sintetizzate francamente non mi sembrano obiezioni proporzionate alla quantità (e alla qualità) di dati – anche scientifici – che documentano l'esistenza di un evento soprannaturale a Medjugorje.

Capitolo 16
Altri enigmi per la scienza

Nel piccolo borgo dell'Erzegovina la scienza si trova interpellata e si scopre in scacco per molte cose. Non c'è solo da studiare i sei veggenti e le apparizioni. Si è verificata infatti una quantità di altri fenomeni inspiegabili e straordinari. Ne ho accennato poco fa: fenomeni luminosi nel sole, in quel 1981, dal 2 al 4 agosto, il 6 agosto la scritta «mir» apparsa nel cielo, il ruotare della croce sul Krizevac e la sua sparizione o la trasformazione nella sagoma luminosa di una giovane donna nell'estate e poi il 21, il 22 (durante il processo a padre Jozo) e il 26 ottobre e ancora il 19 dicembre (ripetutesi poi il 25 giugno 1982, anniversario della prima apparizione). Infine il 28 ottobre 1981 il grande incendio visibile da tutti sul Podbrdo di cui però la polizia e i pompieri, accorrendo, non trovarono traccia alcuna.

Essendo fenomeni che sono stati visti da centinaia di persone si potrebbero riempire interi libri con i resoconti e le testimonianze. Che vanno vagliate e anche distinte l'una dall'altra, perché talora – involontariamente – la precisione del fenomeno osservato si perde tra tante altre cose immaginate, sentite dire o trasfigurate dal ricordo.

Naturalmente può darsi che – in seguito alle apparizioni del Podbrdo – si sia prodotta anche una certa «impressionabilità».

In queste circostanze capita sempre (accadde anche a

Lourdes) che emerga una certa «proliferazione del meraviglioso», come la chiama padre Laurentin[1]. Vi sono infatti una serie di episodi o anche di piccole storie personali, degli abitanti del posto e dei pellegrini, che non abbiamo qui la possibilità di riportare e che lasciano scorgere a prima vista un esagerato «miracolismo», di solito ingenuo e innocente come i «fioretti» di una certa agiografia, ma a cui – in un'indagine seria – non possiamo dedicare attenzioni. In sostanza non possiamo prendere in considerazione racconti simili.

Diverso è il caso delle testimonianze dettagliate e sobrie che molti hanno rilasciato, in forma scritta e ufficiale o anche davanti alle telecamere, sui «fenomeni» clamorosi osservati da tanti, di cui dicevamo sopra: resoconti sia degli abitanti dei borghi di Medjugorje (tuttora viventi)[2], sia di altre persone, anche note e autorevoli e in genere molto caute, come padre Janko Bubalo[3].

Il quale ne ha anche raccolte alcune a futura memoria. Come quella del tassista Nikola Vasilj, figlio di Antonio, abitante a Podmiletine, che fissò immediatamente l'accaduto sul suo registratore: «Il 2 agosto 1981, poco dopo le sei di sera, proprio nel momento in cui di solito la Madonna appare ai veggenti, mi trovavo con molta folla davanti alla chiesa di Medjugorje. Ad un tratto mi sono accorto di un gioco strano del sole. Mi sono spostato dalla parte a sud della chiesa, per vedere meglio che cosa stava succedendo. Sembrava che dal sole si staccasse un cerchio luminoso che pareva avvicinarsi alla terra».

Nikola Vasilj spiega che poi il sole cominciò a ondulare qua e là, che sfere luminose le quali sembravano sospinte dal

---

[1] LR, p. 118.
[2] Alcune di queste testimonianze sono proposte nella videocassetta edita dal Centro Mir.
[3] Padre Bubalo rende questa testimonianza nel suo libro, *Mille incontri con la Madonna*. Una sua testimonianza scritta è riportata, insieme ad altre, anche da LR, pp. 162-166.

vento si dirigevano verso Medjugorje e che tutti i presenti erano terrorizzati e cominciarono a pregare e a raccomandarsi alla Madonna. Il Vasilj sostiene che anche da Vitina hanno visto questi strani fenomeni. Ma non basta. Perché «dopo questo, stando a quello che lui ha detto» spiega padre Bubalo sintetizzando la testimonianza del tassista «si è staccato dal sole come un fascio, un raggio di luce, e si è diretto, a forma di arcobaleno, sul luogo delle apparizioni della Madonna. Da lì si è ripercosso sul campanile della chiesa di Medjugorje, dove a questo giovane è apparsa limpida l'immagine della Madonna. Solo che la Madonna, secondo quanto dice lui, non aveva la corona sul capo».

«Così» conferma Vicka «hanno raccontato anche a me alcuni dei nostri che hanno visto».

Questo stupefacente spettacolo – che ricorda (anche per l'impressione prodotta) il «miracolo del sole» avvenuto a Fatima – sarebbe durato circa mezz'ora. Il tassista Nikola Vasilj ha dichiarato a padre Bubalo che «è pronto a giurare in ogni momento sulla verità di ciò che dice» e ha dato il consenso al frate per «citarlo come testimone in qualsiasi momento lo desideri»[4]. Proprio questo è l'aspetto più significativo per la nostra indagine. Infatti in quel periodo testimoniare pubblicamente di aver visto fenomeni del genere a Medjugorje significava andare incontro a pesantissime conseguenze.

Ivan Ivankovic dichiarò alla polizia di aver visto il prodigio del sole, la croce sul monte e la scritta, e disse che poteva citare molti altri testimoni che avevano potuto osservare anche loro le stesse identiche cose. Ma i poliziotti l'indomani lo presero e lo sbatterono in galera dove lo tennero per due mesi: «Tutto questo solo per le mie dichiarazioni», dice oggi Ivan. Se – nonostante il pericolo (trattandosi di galere davvero poco ospitali) – molti hanno rilasciato comunque

[4] VB, pp. 177-178.

testimonianze scritte e si sono detti pronti ad attestare quello che videro in qualunque sede, viene da pensare che quei fenomeni possano essere accaduti veramente. Non si trovano centinaia di persone che con leggerezza rischiano il carcere e grossi guai per inventare sciocchezze su una fantasiosa «danza del sole».

Certo, è impossibile oggi a noi verificare con certezza se davvero sono avvenuti quei fenomeni o se fu piuttosto un caso di suggestione collettiva. Tuttavia le dichiarazioni dei testimoni non sono poi un punto d'appoggio trascurabile dal momento che anche in sede giudiziaria, in tutto il mondo, hanno di solito un peso decisivo, perfino nei processi penali. Essendo inoltre, in questo caso, testimonianze numerose e univoche, è difficile pensare ad autosuggestione e non si vede perché non si dovrebbero considerare seriamente. Oltretutto – che io sappia – non c'è mai stato nessuno, fra i presenti in zona quando accadevano questi segni, che abbia dichiarato: «Io ero lì mentre tutti dicevano di vedere quel fenomeno, ho guardato, ma non ho visto assolutamente niente».

Resta semmai da capire il perché di quei segni: lo vedremo dopo quando cercheremo di ricostruire la «psicologia» della giovane donna che è la protagonista del mistero di Medjugorje. Sono certamente fatti interessanti per la nostra indagine. Ma addirittura maggiore è per noi l'importanza di altri segni, anch'essi tipici degli eventi soprannaturali e specialmente delle apparizioni mariane: le guarigioni prodigiose e scientificamente inspiegabili. Una delle scoperte che più mi ha sorpreso, nel mio secondo viaggio a Medjugorje del settembre 2004, riguarda proprio questa finestra apertasi inaspettatamente sul mondo dolente della malattia e su quello folgorante del miracolo. Per puro caso – da alcuni preziosi amici di Medjugorje, Milenko e Krizan – ho sentito accennare distrattamente a un presunto miracolo e subito ho chiesto lumi ai miei interlocutori. A loro volta stupiti mi hanno informato che negli archivi parrocchiali sono state depositate le documentazioni di centinaia di guarigioni inspiegabili avvenute a Medjugorje o tramite Medjugorje. Archivio continuamente arricchito di nuovi casi.

Ora, il mio stupore viene innanzitutto dalla considerazione che non si sente mai associare il nome del santuario dell'Erzegovina alla parola «miracoli» (come invece avviene, per esempio, nel caso di Lourdes o di Padre Pio) e questo perché tutto il «messaggio» cristiano che arriva da Medjugorje, che a Medjugorje si vive o che ha al suo centro la «Regina della Pace» (penso – per restare in Italia – all'impostazione dei seguitissimi programmi di «Radio Maria» e ai libri che padre Livio Fanzaga ha dedicato a Medjugorje) è incentrato sull'appello alla conversione.

Pur essendosi verificati tantissimi casi – come poi vedremo – di guarigioni prodigiose a Medjugorje, quasi non se ne sa nulla perché la vera guarigione che si ritiene sia venuta a portare la Madonna apparendo in questo borgo, è la guarigione dal male, dal peccato, dall'odio, la guarigione dalla disperazione e dall'angoscia, quella guarigione che è data dal perdono di Dio, dalla grazia della conversione e della fraternità, dalla preghiera e dai suoi frutti, primo dei quali la pace. La guarigione insomma da una malattia mortale che è peculiare del nostro tempo e che minaccia il mondo. Sono infatti migliaia e migliaia le storie di persone che a Medjugorje sono uscite dai tanti bui tunnel della vita degli uomini del XXI secolo, tornando a riveder le stelle e rinascendo a vita nuova. Storie belle, commoventi, a volte drammatiche.

Talvolta si tratta di guarigione insieme fisica e spirituale (per esempio dall'alcolismo o dalla tossicodipendenza). Ma i «miracoli» propriamente detti sono guarigioni più straordinarie, anche se questi eventi inspiegabili, nell'orizzonte di Medjugorje, sono solo un segno dell'oceano di grazia e di grazie che – Colei che viene venerata come «Salus infirmorum» – dona a chi si rivolge a lei per cercare soccorso, luce, consolazione, pace e protezione materna. Tuttavia sono casi preziosi per la nostra indagine, perché la guarigione prodigiosa è un chiaro sintomo del soprannaturale. Solo nei primi dieci anni arrivarono all'Ufficio parrocchiale di Medjugorje – con tanto di documenti e attestazioni – circa 300 notifiche. Padre Ljudevit Rupcic già nel 1983 pubblicava un'antologia di 56 casi[5] (vi è compresa, ad esempio, la vicenda di Jozo Vasilj che abbiamo ricostruito in precedenza), ma in parte sono casi ancora privi di documentazione medica. L'anno successivo padre René Laurentin, nel volume scritto appunto con padre Rupcic, *La Vergine appare a Medjugorje?* (Queriniana), ne seleziona una trentina, quelli meglio documentati che si riferiscono a guarigioni fisiche e organiche, avvalorate dai necessari controlli.

Sono storie di questo tipo:

«Matija Skuban (Lassalestrasse 25, Karlsruhe 21, Germania). "Ero rimasta emiplegica in seguito ad un attacco di apoplessia. Il 20 luglio 1981, nella chiesa di Medjugorje, sentii, durante la preghiera, come una forte corrente in tutto il corpo, soprattutto nella gamba sinistra, quella malata. Mi alzai per andare a fare la comunione". Fino ad allora aveva avuto bisogno di qualcuno che l'aiutasse per alzarsi. Era già stata operata tre volte. La sua gamba e il suo braccio sinistro erano paralizzati. Il 1° marzo 1982 scrisse una relazione della sua guarigione. Ha allegato anche dei certificati medici datati 4 gennaio e 18 febbraio 1982»[6].

Nel corso del tempo, padre Laurentin, pubblicando ogni anno un volume di aggiornamento su Medjugorje, ha dato notizia dei casi più clamorosi di guarigione straordinaria che sono stati notificati all'Ufficio parrocchiale. Nel 2003 Gildo Spaziante dedica un intero volume a 22 casi fra i tanti verificatisi dal 1987 al 2000[7]. Padre Laurentin – dall'alto della sua autorità di mariologo, grande esperto della storia di Lourdes – tirava le somme, nel 1997, di questa immensa ca-

---

[5] In «Gospina Ukazania U Medugorju» (pp. 107-119).
[6] LR, p. 170.
[7] GILDO SPAZIANTE, *Malattie e guarigioni a Medjugorje*, Mir, 2003.

sistica con relativa documentazione: «Ricapitolando, le guarigioni che sono state oggetto degli esami medici più documentati sono sette in tutto, fra cui le due principali sono quelle di Damir Coric e di Diana Basile. Le altre sono in diversa misura, dotate di certificazioni meno consistenti»[8].

Ovviamente le centinaia di casi a cui abbiamo fatto cenno restano del tutto credibili, nella loro diversità, e – da un punto di vista cristiano – non importa che si tratti di miracoli grandi e clamorosi, ma solo che vengano da Dio e servano alla fede.

Ma la selezione fatta da Laurentin punta ad individuare quegli esempi più clamorosi che rispondono addirittura ai complessi requisiti richiesti dalla Chiesa per riconoscere ufficialmente delle guarigioni come miracoli. Anche a Lourdes, dove sono avvenute certamente migliaia di guarigioni straordinarie, di ogni tipo, i miracoli formalmente proclamati tali dalla Chiesa – in 150 anni – sono appena una settantina. Le procedure infatti sono estremamente lunghe e accurate. In sostanza una guarigione per essere riconosciuta come miracolosa dalla Chiesa deve essere istantanea, completa e duratura e i medici devono accertare che la malattia era vera, grave e documentata, che la guarigione è totale, permanente e scientificamente inspiegabile. Occorrono dunque lunghi anni di studi. Par di capire che i sette casi esemplari segnalati da padre Laurentin abbiano appunto queste caratteristiche straordinarie. Dunque puntiamo i riflettori sui due casi maggiori, preziosi per la nostra indagine.

[8] L3, p. 109.

Capitolo 17
Due incredibili guarigioni

Damir Coric è nato nel 1960 a Radnik. Nel 1977, giovane operaio, comincia a star male e gli esami fatti a Mostar e Zagabria sono implacabili: è affetto da «hydrocephalus intgernus» (aumento della pressione del «liquor» sul cervello). Ecco il suo racconto: «Mi operano cinque volte per il ripetersi delle complicazioni. Quando mi si rinvia a casa, il 6 maggio 1981, sono nell'impossibilità assoluta di camminare e di alimentarmi. Ho perso la capacità di parlare e la mia famiglia deve sottopormi a pulizie continue per il rilassamento degli sfinteri».

La situazione descritta dai medici è disperata: «Senza il drenaggio del "liquor", aumenta la pressione nell'interno del cranio, il drenaggio del "liquor" a sua volta provoca ipotensione che porta al collasso del cervello». Il dottor Ludvik Stopar commenta: «Da questa documentazione medica risulta quanto era grave Damir Coric e che le probabilità di guarigione erano pressoché nulle. La sua guarigione quindi non è dovuta a cause naturali».

Ecco come è accaduto l'impossibile miracolo dal suo stesso racconto: «All'inizio di luglio mi portano in auto a Medjugorje e mi lasciano ai piedi della collina del Podbrdo. Poi mia madre vi sale a pregare e da quel momento i miei pregano e digiunano con perseveranza. Ma io sono ormai ridotto a fare dei deboli cenni col capo, non potendo più parlare. Tuttavia resto cosciente. I medici, che mi hanno abbandonato in questo stato senza speranza, cessano di curarmi. Infine, tre settimane dopo, mi trasportano di nuovo a Medjugorje, fino alla chiesa. Lì Vicka prega su di me. In quel momento» dice Damir «sento come una forza che mi invade. Ma dello stato fisico in cui mi trovo non cambia nulla. Di ritorno a casa, a Buna, cerco di spiegare a mia madre, con i gesti, ciò che ho sentito durante la preghiera di Vicka. Fino a quel momento non potevo nemmeno stare seduto, mentre da allora posso farlo. È l'inizio di un miglioramento graduale, continuo e rapido. Presto faccio i primi passi»[1].

Nell'arco di pochi mesi Damir ha recuperato completamente e torna addirittura al lavoro nella fabbrica di compressori dove lavorava prima della malattia. Perfettamente sano. Ha consegnato la sua testimonianza agli Uffici parrocchiali il 26 gennaio 1982 con le relative cartelle cliniche.

Ancora più clamoroso il caso di Diana Basile. Questa signora, nata nel 1940, sposata con figli, impiegata a Milano, nel 1972 si ammala di sclerosi multipla. Si tratta di una grave malattia del sistema nervoso centrale, con decorso cronico e progressivo. Per dodici anni la signora Basile va peggiorando sempre più: ricovero dopo ricovero e analisi dopo analisi. Quando, il 23 maggio del 1984 viene portata a Medjugorje, è pressoché impossibilitata a camminare e completamente cieca all'occhio destro con mille altre tremende complicanze. Quel giorno dev'essere aiutata da due persone perfino a salire le scale dell'altare della chiesa: si trova faticosamente nella stanzetta delle apparizioni.

Ed ecco il suo racconto: «Mi butto così in ginocchio, vicino all'ingresso. Quando i ragazzi a loro volta si inginocchiano (l'istante dell'arrivo della Madonna, *NdA*), io mi sento come folgorare, odo un gran rumore, poi più nulla... Solo una gioia indescrivibile. Ho rivisto allora come in un film

[1] In CS, pp. 261-262.

alcuni episodi della mia vita che avevo completamente dimenticato. Alla fine dell'apparizione mi metto inspiegabilmente a camminare da sola, prima adagio e poi sempre più agevolmente, con sicurezza, diritta come tutti gli altri... gli altri, quelli che mi conoscevano, mi abbracciano piangendo. Più tardi, rientrata in albergo, constato di essere tornata perfettamente continente, con sparizione della dermatosi e di aver riottenuto la possibilità di vedere con l'occhio destro, che è ridiventato normale, dopo ben dieci anni!».

Il giorno dopo, la signora Diana, per ringraziamento, fa addirittura un pellegrinaggio, a piedi nudi, di dieci chilometri da Ljubuski, dove è il suo albergo, a Medjugorje e poi sale senza aiuti sopra al Podbrdo sassoso e impervio. Un caso semplicemente strepitoso. Il professor Spaziante che alla vicenda della signora Basile ha dedicato lunghi studi, riassume il fatto: «Una malattia grave, seria, di lunga durata, resistente alle cure, che è scomparsa in un attimo. La guarigione della signora Basile Diana si presenta completa, perfetta, sia dal punto di vista organico e funzionale che dal punto di vista psichico e sociale»[2].

Alcune centinaia di documenti medici, sul prima e sul dopo (con la testimonianza su ciò che è accaduto all'apparizione) sono stati depositati dalla signora agli Uffici parrocchiali di Medjugorje e alla diocesi di Mostar. Il medico – dopo aver studiato per anni su questi referti clinici – annota esterrefatto: «Per me resta un quesito: com'è possibile che fasci di fibre nervose che collegano miliardi di neuroni, da anni gravemente danneggiati per la sclerosi multipla possano riabilitarsi così repentinamente? È come se qualcuno avesse sparato con un mitra dentro un computer sofisticato, con milioni di valvole, e ne avesse danneggiato le fini connessioni irreparabilmente. E, d'un tratto, tutto di nuovo diventa perfettamente funzionante... Mi piace ricordare l'avverti-

---

[2] Sp, pp. 341 e 348.

mento di Alexis Carrel, un genio della medicina: "Cercate laggiù! A Lourdes succedono cose inverosimili...". Forse è lo stesso per Medjugorje»[3].

Si possono avere mille teorie contro Medjugorje, contro le apparizioni e contro i miracoli, si può essere laicamente certissimi che tutto questo «non può» accadere nel modo più assoluto. Però è accaduto e accade e «contra factum non valet argomentum». Almeno per noi «razionalisti»[4].

---

[3] *Ibid.*, p. 342.

[4] «Uno degli psichiatri e parapsicologi più noti della Jugoslavia, il dottor Ludvik Stopar, professore dell'Università di Maribor (Slovenia), dopo aver studiato gli avvenimenti di Medjugorje, così si è espresso: "È il dito di Dio, che ammonisce e dirige"» (in VB, p. 239).

Capitolo 18
«Come fai ad essere così bella?»

Ma com'è lei? Che aspetto ha la giovane donna che dal 1981 appare a Medjugorje? E come si comporta, quale temperamento rivela, qual è il suo modo di parlare e di guardare, di pregare e di cantare, di abbracciare e di piangere, di sorridere e (quasi) di danzare per la felicità? Le descrizioni dei sei veggenti sono univoche. «La Madonna si presenta come una meravigliosa ragazza di circa vent'anni»[1], alta (attorno a) 1 metro e 70, un fisico slanciato, capelli neri e ondulati, ha occhi spiccatamente azzurri («di un azzurro straordinario, mai visto prima»), sopracciglia delicate, normali, nere. Ha il volto regolare, leggermente rosato su zigomi e guance (forse quando sorride appaiono impercettibili fossette ai lati delle labbra), naso piccolo, bello e proporzionato. Non è sempre sorridente, ma è come se il suo sorriso restasse ogni istante «sotto pelle», perché traspare continuamente in lei «una beatitudine indescrivibile». C'è «una luce che l'accompagna sempre», che la illumina e che emana da lei.

---

[1] Vicka, VB, p. 56. Mentre i ragazzi sono passati dai 10-15 anni ai 35-40 di oggi, la Madonna è rimasta sempre uguale. Evidentemente anche in questo suo aspetto c'è un significato profondo che riflette la realtà dei corpi gloriosi (com'è il suo dopo l'assunzione al cielo) e la speciale condizione della ragazza di Nazaret, «piena di grazia». Dice padre Livio: «La sua giovinezza è una partecipazione all'eterna giovinezza di Dio» (in Ja, p. 68).

Tutti i sei veggenti concordano su un giudizio: è la creatura più bella che abbiano mai visto. È abbacinante (come risulta evidente a chiunque guardi i ragazzi mentre sono incantati di fronte a lei). La forza di attrazione del suo volto annulla ogni altra cosa, percezione o interesse, cosicché i ragazzi fin dai primi giorni erano preoccupati solo di non poterla vedere più, che non apparisse più; e superavano qualsiasi minaccia o ostacolo pur di rivederla.

«Ci siamo in un certo senso innamorati di lei – racconta Marija – specialmente all'inizio non dico che eravamo dipendenti, tuttavia, la bellezza del suo viso e la sua voce quando parlava ci attiravano».

Degli occhi di questa giovane ragazza, in particolare, Jakov dice: «Non basta dire che sono azzurri». Il fatto è che «nei suoi occhi si vede tutta la bellezza che la Madonna può trasmettere, tutta la bontà di una madre, tutto l'amore di una madre, tutto ciò che di bello una madre desidera per suo figlio»[2].

È lo sguardo della ragazza che fu madre di Gesù. Uno splendido endecasillabo di Dante dice che sono «gli occhi da Dio diletti e venerati» (*Paradiso*, XXXIII, 40). Gli occhi di cui Dio stesso si è innamorato, gli occhi che Gesù bambino ha guardato, incantato. Ma la bellezza di quegli occhi splende di santità. Un giorno Jakov le ha chiesto: «Come fai ad essere così bella?». Lei ha risposto col suo sorriso: «Sono bella perché amo. Anche voi, figli miei, se volete essere belli, amate!». Infatti «quando pregate voi siete molto più belli», perché si diventa colui che si guarda con amore (infatti, dice la Madonna, «la preghiera è ciò che il cuore umano desidera», 25.11.1994).

---

[2] Ja, p. 70. Incontrare una creatura che sia straordinariamente bella ed eccezionalmente buona al contempo corrisponde a uno dei desideri più profondi dell'uomo. Nell'*Idiota* di Dostoevskij, quando il principe Miškin vede per la prima volta Nastasja Filippovna esclama: «Un viso straordinario! (...) È un viso altero, molto altero, ma non so se sia buona. Ah, se fosse anche buona! Sarebbe la salvezza!».

Dunque nel suo caso si tratta di una bellezza molto particolare, anzi: decisamente unica, perché è una bellezza fisica inondata di grazia, trasfigurata, che fa trasparire una realtà profondissima e luminosa, la bellezza stessa di Dio, per questo esercita un'attrattiva irresistibile sugli uomini il cui essere è sete di Dio, sete di questa Bellezza che è la meta a cui inconsapevolmente tutti tendiamo, per la quale siamo stati fatti e per la quale brancoliamo nel buio e ci agitiamo. Anche certe singolarità, come il potere di apparire simultaneamente in posti diversi e non essere sottoposta alle limitazioni di spazio e di tempo, sono proprie dei corpi risorti (per ora quindi solo di Gesù, come raccontano i Vangeli postpasquali, e Maria). È la libertà dei corpi gloriosi che un giorno apparterrà a tutti i redenti.

Per questo il mistico don Divo Barsotti, meditando sulle apparizioni con un gruppo di giovani, che s'ispirano a Medjugorje, ha avuto questa felice sintesi: «Con Maria appare il mondo nuovo»[3]. È questo il significato profondo della bellezza della ragazza di Medjugorje. È un significato perfino «politico», perché è un giudizio sulla storia umana.

Infatti al desiderio inestirpabile che arde in tutti gli uomini, di tutti i tempi, di un'umanità che non sia avvelenata

---

[3] «È come se d'improvviso si facesse visibile un mondo sempre presente, ma che abitualmente rimane nascosto; come se gli occhi dell'uomo acquistassero un nuovo potere visivo... Dalle apparizioni abbiamo la certezza di un mondo di luce, di purezza e di amore... Prima ancora della Madonna è Cristo che, risorgendo nella sua umanità, dovrebbe rendere presente il mondo divino e la vittoria sul male. Perché dunque la Vergine?... Perché in Lei è la creazione intera che si è rinnovata. È lei stessa la nuova creazione, non contaminata dal male e vittoriosa... L'apparizione fa presente il mondo redento... L'apparizione non è dunque un'azione di Dio sull'immaginazione dell'uomo. Credo che non si possa negare la sua oggettiva realtà. Veramente è la Vergine Santa che appare, veramente gli uomini entrano in rapporto con lei e con il suo Figlio divino... La Vergine non può abbandonare i suoi figli prima della manifestazione pubblica e solenne della sua vittoria sul male. Madre di tutti, essa non potrebbe separarsi da noi che viviamo nella pena, sottoposti ad ogni tentazione, incapaci di sottrarci alla morte» (don Divo Barsotti, in «Avvenire», 19 maggio 2001).

dal male, afflitta dal dolore, dall'ingiustizia, al desiderio di un mondo fatto di amore, di felicità, di bellezza e di pace, il Signore della storia – Gesù – non risponde con un discorso sociale o un'ideologia o un'utopia o un progetto (risposte che sempre hanno prodotto inferni), ma donando visibilmente questo mondo nuovo già presente, questa nuova umanità, questi cieli e terra nuovi: cioè la bellezza di sua madre, la più umile e pura delle creature, nella gloria.

Nella sua presenza fra noi si realizza già la promessa di «un nuovo cielo e una nuova terra» che sta scritta nell'*Apocalisse*: «Ecco la dimora di Dio con gli uomini! / Egli dimorerà tra di loro / ed essi saranno suo popolo / ed egli sarà il Dio-con-loro. / E tergerà ogni lacrima dai loro occhi; / non ci sarà più la morte, / né lutto, né lamento, né affanno, / perché le cose di prima sono passate» (21, 1-4).

Empiricamente i veggenti di Medjugorje intuiscono tutto questo quando tentano di spiegare l'impressione che il volto e gli occhi e il sorriso di Maria fanno su di loro: «La sua bellezza è indescrivibile; non è una bellezza come la nostra, è qualcosa di paradisiaco, qualcosa di celeste». Nella semplicità di queste parole c'è addirittura una teologia della storia (quella espressa dal *Magnificat*: «Ha disperso i superbi nei pensieri del loro cuore / ha rovesciato i potenti dai troni / ha innalzato gli umili / ha ricolmato di beni gli affamati / ha rimandato i ricchi a mani vuote»). La semplicità di questa bellezza sbaraglia tutte le ideologie e le pretese dell'uomo di costruire lui – da sé – il paradiso in terra.

Ma torniamo ancora all'aspetto della Vergine di Medjugorje. Dicono i veggenti che indossa (quasi sempre) un semplice abito grigio-azzurro da donna, che va dal collo fino ai piedi (che sono nascosti però dalla nuvoletta sollevata da terra[4]). È un abito semplicissimo, non orlato, senza cintura, che prende leggermente la forma del corpo femminile di lei.

---

[4] La nuvola è anch'essa, nella simbologia biblica, un segno di regalità.

Anche l'abito, evidentemente, ha un significato simbolico misterioso, perché è l'abito povero di una serva, ma indossato da una donna che ha sulla testa una corona di stelle ed è quindi Regina. Significa la profonda umiltà di Maria di Nazaret, l'umiltà che ha commosso Dio[5]. Ha poi un velo bianco sul capo che lascia vedere i capelli e che scende sulla schiena e sui fianchi fino ai piedi.

Tuttavia in certi casi il suo vestito semplice diventa splendente, sfarzoso: in certe solennità liturgiche. È specialmente felice il 25 marzo, la festa dell'Annunciazione. In quel giorno è raggiante. «Mai» racconta Vicka «neanche a Natale l'ho vista così felice. Quasi ballava dalla gioia». Un 15 agosto, festa dell'Assunta, una delle veggenti era ammalata, a casa, e si presentò all'apparizione da malata, nel suo pigiama. La Madonna, quasi divertita, le disse: «Ma come sei vestita? Devi vestirti a festa, perché oggi è un gran giorno». Il suo atteggiamento, i suoi sorrisi, le sue reazioni e così pure il suo volto sembrano identici a quelli della giovane donna che appare a Bernadette Soubirous a Lourdes, così come sono riferiti nei racconti della veggente[6].

La sua voce è molto particolare, «è dolce, molto giovanile, ma nello stesso tempo molto seria. A volte però ride con noi. La sua voce, come lo sguardo, è così profonda che non possiamo descriverne la bellezza... è come una musica perché, se stai male dentro, sentendo la Madonna guarisci»[7], racconta

---

[5] « Maria visse tanto nascosta da essere chiamata dallo Spirito Santo e dalla Chiesa Alma Mater, Madre nascosta e riservata. Fu così profondamente umile da non avere, sulla terra, attrattiva più forte e continua che di nascondersi a se stessa e ad ogni creatura per essere conosciuta da Dio solo. Per esaudirla nelle richieste che gli fece di tenerla nascosta, povera e umile, Dio si compiacque di non rivelarla quasi a nessuna creatura...» (così inizia il celebre *Trattato della vera devozione a Maria* di san Luigi Maria Grignion di Montfort).

[6] Per esempio a certe domande si mette a ridere o in altri casi risponde: «Non è necessario». E identico poi è quel suo modo di guardare, in silenzio, con occhi benevoli, le persone che stanno attorno alla veggente. Cfr. RENÉ LAURENTIN, *Lourdes. Cronaca di un mistero*, Mondadori, e *Bernadetta vi parla*, San Paolo.

[7] Ma, pp. 30-31.

Marija. E il suo canto com'è? «Quando la Madonna inizia un canto, voi come fate a prendere il suo tono di voce?», ha chiesto padre Bubalo a Vicka. E lei: «Ma che cosa possiamo prendere? Chi riuscirebbe a prendere la sua voce così melodiosa. In particolare noi... noi cantiamo a modo nostro, tu ci conosci... Ma la Madonna ci ascolta lo stesso volentieri»[8].

Quando canta sta con le braccia aperte. Di solito lei, durante le apparizioni, tiene le mani liberamente aperte oppure giunte. «Quando prega sulle persone presenti le distende». Resta sempre in piedi. Recitando il *Gloria al Padre* congiunge le mani. Durante il *Padre Nostro* invece le tiene aperte con le palme rivolte in alto. Non dice mai l'*Ave Maria* e mentre la recitano i ragazzi ascolta, «sorride un po' ed è molto felice». Ha una preferenza per il *Credo* che lei «recita sempre con enfasi (ha detto anche a noi e al popolo di recitarlo più spesso)». Anche fra i canti ha le sue preferenze. Secondo Vicka i suoi «canti preferiti», quelli che ama intonare lei, sono *Vieni, vieni Signore* e *Cristo, nel tuo nome* che dice così: «Cristo, nel tuo nome siamo qui, perché crediamo che tu sei con noi. Senza di te siamo deboli... Dacci la forza».

La Madonna parla e prega in croato con i ragazzi. Ma in qualche occasione prega in una lingua sconosciuta. I ragazzi hanno chiesto quale lingua è, così lei ha spiegato che si tratta «della mia lingua materna» (l'aramaico). Anche questo particolare non è casuale: la giovane ragazza di Medjugorje non si è limitata a dichiarare il suo nome («Io sono la Beata Vergine Maria»), ha voluto anche raccontare e dettare a Vicka tutta la sua vita terrena per ribadire che Colei che appare nel paesino dell'Erzegovina è proprio Maria di Nazaret. Il piccolo segno delle preghiere «nella lingua materna» è un'altra conferma.

Quando si presenta dice sempre «Sia lodato Gesù» («Hvaljen Isus!»). E alla fine dell'incontro dice: «Andate nella pace

---

[8] VB, p. 62.

di Dio!» («Idite u miru Bozjem!»). Ha voluto sottolineare che ha scelto i sei ragazzi di Medjugorje non perché siano i migliori; li ha scelti e amati così come erano (24.5.1984). Ed ha con loro tenerezze inenarrabili. Così come a Guadalupe chiamava il povero indio Juan Diego «piccolo mio» e a Lourdes dava del «voi» a Bernadette che era abituata allo sprezzante «tu» di tutti quelli che la consideravano una pezzente, a Medjugorje chiama i veggenti «cari angeli miei» (riprendendo così un'espressione popolare croata che di solito si usa con i bambini). Ma poi chiama ciascuno di loro per nome («fin dal primo giorno ci ha chiamato per nome»). Un particolare che certo deve commuovere molto chi sente pronunciare il proprio nome da lei, ma che ha anche un significato generale. Dio chiama ognuno per nome: uno per uno. La Madonna ogni volta, congedando i ragazzi, li ringrazia «per aver risposto alla mia chiamata». Pur sapendo già tutto sta ad ascoltare con grande attenzione tutto lo sfogo dei ragazzi quando le raccontano le intimidazioni del regime o le incomprensioni e le derisioni che subiscono come se fosse all'oscuro di tutto. Li incoraggia, li consola. Nei primi tempi avvertiva i ragazzi di cambiare strada quando erano attesi dalla polizia in agguato in un punto della montagna, o quando c'erano spie o microfoni nelle stanze, li metteva in guardia da provocazioni, falsi amici e falsi messaggeri, ma esortava i ragazzi a confidare in lei e li invitava fermamente a sopportare con pazienza e letizia le persecuzioni, a salutare sempre gentilmente i poliziotti che stavano loro alle calcagna, trattandoli senza rancore (lo stesso amore «anche verso chi vi procura del male» chiese ai parrocchiani il 7 luglio 1985).

Ritiene assolutamente intangibile e sacra la libertà di ciascuno. Il 30 aprile 1984, quando Marija le chiede perché cinque giorni prima non le ha dato il consueto messaggio mensile per la parrocchia, lei ha risposto: «Non voglio costringere nessuno a fare ciò che non sente e non desidera da sé» (era dispiaciuta del fatto che all'inizio molti avevano accolto i messaggi, ma poi la cosa era decaduta ad «abitudine» e «ora, in questo ultimo periodo, chiedono dei messaggi solo per curiosità e non per fede e per devozione verso mio Figlio e verso di me»). Con questo delicato richiamo scosse i parrocchiani, riportandoli al fervore degli inizi.

Mille volte – alle richieste dei ragazzi che magari, sulle scelte da fare, avrebbero trovato più semplice obbedire – risponde: «Siete liberi». Anche di fronte alla loro scelta vocazionale. Egualmente parla dell'umanità. La Madonna si strugge di compassione per chi non conosce l'amore di Dio, chiede di pregare per loro, esorta a offrire digiuni e sacrifici, ma mai può essere conculcata la libertà di un altro essere umano: «Avete il libero arbitrio, usatelo». Per questo invita a rispettare le convinzioni di tutti (anche quelle religiose) e a testimoniare coraggiosamente la fede con la propria vita, ma senza importunare il prossimo con prediche e giudizi (che non spettano a noi).

Il suo atteggiamento riflette la drammatica scelta di Dio di dare un limite invalicabile alla sua onnipotenza: quel limite è la libertà della piccolissima creatura chiamata uomo. Se il destino dell'uomo è la divinizzazione[9] occorre che sia per natura libero perché è fatto «a immagine e somiglianza» di Dio e la libertà è il connotato di Dio. E così l'amore. Dio – avverte la Madonna – rispetta sempre la libertà dell'uomo, anche quando l'uomo decide liberamente (e terribilmente) di odiare Dio e sceglie così la dannazione eterna.

La Madonna è definita dai veggenti «amica», «madre», «sorella», ma tutti questi termini – avvertono – sono esempi difettivi del loro legame con lei.

Il carattere di lei è sempre amabile e dolce. A volte reagisce con umorismo a certe domande (per esempio, quando le hanno chiesto fino a quando sarebbe apparsa: «Angeli miei, vi ho già stancato?») oppure con un sorriso, per esempio,

---

[9] Cfr. PAVEL EVDOKIMOV, *La teologia della bellezza*, Paoline, Roma 1971, p. 62.

quando Jakov le ha domandato se la sua squadra del cuore avrebbe vinto il campionato o quando i ragazzi si presentarono con addosso fili e attrezzature (nei giorni in cui le varie équipe studiavano le apparizioni). Più volte ha invitato i ragazzi a non chiedere qualunque cosa passa loro per la testa. Ad alcune domande risponde con il silenzio «come se non sentisse», altre volte lascia cadere la domanda iniziando a cantare o a pregare[10]. Ha fatto così varie volte, per esempio quando i ragazzi le hanno chiesto un segno visibile per tutti. Finché il 26 ottobre 1981 lei stessa ha domandato sorridendo: «Non mi chiedete più del segno?». In quell'occasione ha rivelato che Dio aveva accordato il segno, che sarebbe stato lasciato sul Podbrdo (è il terzo segreto).

La giovane ragazza di Medjugorje sorride divertita e contenta anche quando Vicka le spruzza addosso una bottiglia di acqua santa e fa premurosamente alzare i ragazzi dopo qualche minuto che sono inginocchiati. Usa la stessa delicatezza quando dice a Vicka – che si è appena fatta un'operazione ed è un po' dolorante – di non inginocchiarsi.

Non ha mai un'espressione di disprezzo per le cose della vita o per una persona, anzi invita tutti a rendersi conto di quanto grande e importante è la nostra persona agli occhi di Dio e quanto grande sono per lei perfino le più piccole cose che ci riguardano. Così, quando Ivan dovette andare a fare il militare e la Madonna incaricò proprio Marija di guidare il suo gruppo di preghiera, volle raccomandarle di vivere con impegno questo (apparentemente piccolo) compito. Nulla è piccolo o trascurabile di ciò che gli uomini le offrono. Tutto ciò che le donano per lei è grande. «Prende tutto sul serio», dice Marija.

---

[10] Probabilmente anche questo suo atteggiamento ha un significato più profondo di quanto dica l'apparenza. Sembra sottolineare soprattutto che lei stessa è preghiera, per noi, è una continua intercessione presso Dio a nostro favore. Dunque invita a trasformare le nostre domande in preghiere.

Lei apprezza molto «le cose piccole, proprio quelle più piccole» offerte come piccoli sacrifici, cioè come segni di amore. Ringrazia per queste offerte e spiega che tutto è prezioso di ciascuno di noi agli occhi di Dio: con le nostre semplici preghiere e l'offerta povera del digiuno «si possono allontanare anche le guerre».

Lei conforta e rassicura Ivanka angosciata per la morte della madre (fin dal secondo giorno), tiene compagnia a Marija mentre è sotto i ferri per una seria operazione e rabbrividisce – con tipica ipersensibilità femminile – quando guarda il bisturi che taglia («al momento del primo taglio ho visto che la Madonna ha fatto come una smorfia sulla faccia, ma poi sembrava anche che controllasse tutto»[11]).

Ha rivelato il giorno del suo compleanno (il 5 agosto) e ogni anno lo vive con tantissimi giovani che fanno il loro pellegrinaggio a Medjugorje. Ama manifestare con dei gesti il suo affetto e il suo entusiasmo. Per il compleanno e l'onomastico di ciascuno abbraccia e bacia il festeggiato. Ma anche in tante altre occasioni si esprime con abbracci o con baci: quando vuole consolare uno dei ragazzi afflitto, ad esempio, nei primi anni, dalle persecuzioni o altre volte per far sentire tutta la sua riconoscenza. «Ricordo una volta, durante una "Offerta per tutta la vita": la Madonna ci è apparsa e, dopo aver pregato su di noi, quando le abbiamo offerto una novena secondo le sue intenzioni e questa rinuncia per tutta la vita, ci ha abbracciato»[12].

Ma non fa così solo con i veggenti. Una volta, ai primi di dicembre del 1981, fra i tanti amici che stavano con i sei ragazzi per l'apparizione, ce n'era uno che suonava la chitarra e cantava e pregava con gli altri. Era un amico che veniva da Metkovici («è venuto almeno una ventina di volte a piedi da Metkovici a Medjugorje», dice Vicka). Ebbene, «una

---

[11] Ma, p. 77.
[12] *Ibid.*, p. 23.

volta, durante l'apparizione, la Madonna l'ha baciato»[13]. Due mesi prima, nell'ottobre del 1981, ha benedetto e baciato anche Marinko[14]: l'ha fatto chiamare dai ragazzi e ha detto loro che pochi erano come lui (Marinko è l'uomo che fin dal secondo giorno ha aiutato e protetto i ragazzi, attirandosi addosso le «attenzioni» della polizia; ma ha aiutato e soccorso anche i tanti pellegrini che arrivavano, distribuendo tutto quello che aveva e comprando addirittura 8 cisterne d'acqua per la gente assetata che in quei giorni d'estate scendeva dal Podbrdo dopo l'apparizione).

Altri tratti di Colei che appare a Medjugorje. È contenta quando i «suoi angeli» sono tutti insieme. Quando uno di loro è lontano porta agli altri notizie di lui. Un giorno, ai primi di novembre del 1981 è apparsa in casa di Vicka tenendo in mano la foto del Papa che era appesa al muro e l'ha baciata. Ha spiegato che lui è il padre di tutti, poi ha invitato i ragazzi a conservare quell'immagine e a pregare per lui, svelando che l'ha scelto lei stessa per questi tempi decisivi.

È triste solo quando parla di «coloro che non conoscono l'amore di Dio» e piange a dirotto, con lacrime che le rigano le guance, quando chiede agli uomini di far pace con Dio e fra di loro (fin dal secondo giorno delle apparizioni) e quando accenna alla sorte eterna di chi rifiuta Dio. Chiede continuamente di pregare per loro e offrire digiuni e sacrifici. Anche per aiutare lei a intercedere per l'umanità ed evitare i castighi che meritiamo e le guerre e le violenze che scateniamo[15] («il rosario può fare miracoli nel mondo e nella

---

[13] VB, p. 75. Il ragazzo ha poi raccontato che «si è sentito attraversare tutto come da una fiammata. Poi ha sentito un'ondata di freddo, tanto da sudare. Tutto gli è sembrato in qualche modo strano, ma nonostante questo si sentiva molto contento». Infatti quando i veggenti gli hanno rivelato che la Madonna l'aveva baciato si è «emozionato, ha quasi cominciato a piangere dalla commozione».

[14] Anch'egli poi ha raccontato cos'ha provato esattamente negli stessi termini del ragazzo di Metkovici.

[15] LF1, pp. 134-135.

vostra vita»). Perfino per ottenere guarigioni chiede un aiuto («Cari figli, pregate per poter accettare la malattia e le sofferenze con amore, come le ha accettate Gesù. Soltanto così potrò con gioia darvi grazie e guarigioni che Gesù mi permette», 11.9.1986).

Di fronte agli errori e ai peccati non rimprovera, ma diventa triste. «La Madonna» dice Mirjana «non giudica mai e ci insegna a non giudicare mai». Talora è nella festa dell'Immacolata Concezione che si è presentata con un'espressione triste e molto seria e subito ha cominciato a pregare «per i peccatori, perché venissero perdonati». Un giorno, sul Podbrdo, Marija ricorda di averla vista passare dalla serenità a una buia tristezza in volto perché qualcuno, fra le migliaia di curiosi venuti fin lassù, aveva bestemmiato: «Diventò così triste... Se n'è anche andata via per qualche attimo, poi è tornata».

Sempre piena di compassione, accorata, dolce. «Se abbiamo sbagliato qualcosa lei non ha bisogno di dirlo, perché lo sentiamo dal suo sguardo che è così profondo», dice Marija. Tutto ciò che fa e che chiede parte dall'amore; una volta ha sussurrato: «Asciugate dal mio volto le lacrime che verso osservando quello che fate». Ma non si ricorda una volta che la giovane Madre di Medjugorje abbia rivolto parole aspre e irritate, mai: «Lei non si sa irritare», «nessuno di voi può immaginare quanto è buona la Madonna, come ci protegge e come ci comprende» (Vicka). Pure in questo piccolo particolare rivela la sua natura: lei è Colei che difende gli esseri umani, sempre, che instancabilmente intercede e cerca di salvare, è l'avvocata nostra, qualunque sia la nostra miseria, mentre «Accusatore degli uomini» è il nome che la Tradizione attribuisce a Satana. È lui che va a caccia di esseri umani per accusarli e farli sprofondare nella disperazione e nella perdizione.

Lei cerca ognuno per salvarlo, chiama ciascuno per nome, chiunque sia, qualunque cosa abbia fatto. E non fa predicozzi, né paternali. Quando deve far capire qualcosa di grave lo fa con discrezione, magari attraverso un fatto che colpisce al cuore. Come il 2 agosto 1981. Durante un'apparizione disse ai veggenti che la gente avrebbe potuto toccarla. Così tutti si misero in fila: tutti, con la mano guidata dai veggenti, poterono sfiorarle la spalla e percepirono quella inconfondibile sensazione di intorpidimento del braccio. Ma dopo alcune decine di persone sull'abito della Vergine si erano formate delle grosse macchie scure. I veggenti erano costernati. La Madonna sparì per qualche istante e poi piangendo fece capire che quelle macchie erano il segno dei peccati, invitando tutti a confessarsi. Così il giorno dopo vi fu una grande cerimonia di riconciliazione. La Madonna fece capire in questo modo la necessità del sacramento della confessione e lo fece, fra l'altro, proprio il 2 agosto, la data in cui la Chiesa festeggia il «Perdono di Assisi», con l'indulgenza plenaria che proprio la Vergine, apparendo alla Porziuncola, ottenne per l'implorazione di frate Francesco[16].

«Cari figli», dice in un suo messaggio alla parrocchia «voglio che comprendiate che Dio ha scelto ognuno di voi nel suo piano di salvezza dell'umanità. Voi non potete capire quanto grande sia la vostra persona nel disegno di Dio» (25.1.1987), «tramite voi desidero rinnovare il mondo» (25.10.1996).

Invita alla letizia e indica il Paradiso come il luogo della felicità piena. «Non desidero che la vostra vita sia nella tristezza, ma che sia realizzata nella gioia secondo il vangelo, per l'eternità» (25.12.1996).

Ma mette in guardia dal Nemico degli esseri umani, da colui che vuole la loro rovina. Racconta padre Livio: «Eravamo nel settembre 1986, in una afosa serata d'estate, rannicchiati l'un contro l'altro, a migliaia sulle pendici del Podbrdo. Rimasi colpito dal messaggio che Ivan ci comunicò

---

[16] È importante ricordare che Medjugorje (che fra l'altro si trova, geograficamente, sullo stesso parallelo di Assisi) è un santuario francescano.

dopo l'apparizione: "Satana" diceva la Madonna "vi cerca e vi desidera". Un brivido di paura mi corse lungo la schiena e compresi in un lampo di luce il profondo significato delle immagini bibliche del leone ruggente e del drago pronti a divorare le nostre anime. "A lui basta una piccola fessura per insinuarsi", aggiungeva poi, richiamando l'immagine del serpente pronto a sfruttare ogni varco per penetrare nella nostra vita e seminarvi veleno»[17].

Lei piange quando indica le orrende opere di Satana, i terribili peccati dell'umanità, e implora Dio perché perdoni e non castighi l'umanità. Lei continuamente parla di Gesù, lo ama con tutto il cuore. «Quando parla di Gesù è sempre molto gioiosa, si vede la luce che le esce dal viso» riferisce Mirjana «quando invece parla dei "figli", così li chiama, "che non conoscono l'amore di Dio", è molto triste e qualche volta l'ho vista anche piangere»[18]. Molte volte a Medjugorje, fin dal primo giorno, il 24 giugno, porta con sé Gesù bambino. Come pure a Natale. È radiosa quando ha il bambino. Altre volte, nella settimana santa, lei fa vedere ai ragazzi Gesù com'è durante la Passione: «Ci si presentava da far pietà: insanguinato, pieno di sputi e di piaghe. Orribile! Noi una volta siamo tutti scoppiati a piangere quando l'abbiamo visto». E «l'ultimo Sabato santo era egualmente pieno di sputi e di sangue, ma sotto si vedeva un volto bellissimo, bellissimo... La Madonna diceva: "Questo è mio Figlio"».

In altre circostanze ha detto: «Ecco quanto Gesù ha sofferto per noi» e considerate «quanto soffre ancora oggi» a causa dei peccati. Ha anche aggiunto che Lui ha sofferto, ma poi «ha vinto», e dunque «credete fermamente, pregate e non abbiate paura, angeli miei. Anche voi vincerete».

La Madonna invita i ragazzi ad «aprire il vostro cuore» e «dare il vostro tempo» a Gesù perché «sia Lui il vostro

---

[17] LF1, pp. 110-111.
[18] In CS, p. 441.

amico» (25.6.1997). Lui è l'amico potente e buono, l'amico sempre fedele, che non tradisce mai, che addirittura si offre volontariamente al carnefice al posto nostro, proprio quando noi lo tradiamo, Lui che ci ha scelti e ci ama così come siamo, Lui che conosce fino in fondo il cuore di tutti, Lui di fronte al quale tutti crollano, Lui che dimostra una padronanza assoluta della natura, che comanda alla tempesta e s'intenerisce per un fiore di campo, Lui che ha pietà di qualunque peccatore e che confonde i superbi, Lui che sa parlare al cuore come nessuno al mondo («dove andremmo, Signore?», gli dice Pietro «Tu solo hai parole che spiegano la vita»), Lui che la Scrittura canta come «il più bello fra i figli dell'uomo» e che – unico – sa rendere vera e bella la nostra umanità, Lui che guarisce tutti, che ha compassione di tutti, Lui così forte eppure così umile, Lui, il Bel Pastore che si carica sulle spalle la pecorella smarrita: volto dell'eterna giovinezza di Dio.

Ecco, la Madonna insegna ai sei ragazzi a vivere la Santa Messa e dedicare tempo all'adorazione eucaristica perché conoscano e godano l'amicizia di Colui per il quale è stato fatto il nostro cuore e che tutto l'universo brama: così «non parlerete di Lui come di qualcuno che appena conoscete» (25.9.1995).

È compatibile questa «psicologia», questa personalità con quella che la madre di Gesù rivela nel Vangelo? Naturalmente so bene che sono stati scritti interi volumi sulla Madonna, su cui non si finirebbe mai di meditare. Solo – in tutta semplicità – vorrei notare alcuni tratti evidenti: la ragazza di Nazaret ha una personalità molto umile (ha appena saputo che è «la prescelta», che sarà la madre del Messia eppure corre a servire la cugina Elisabetta: a servire). Dunque un'umiltà davvero straordinaria, ma in un temperamento molto forte (si consideri la decisione della scelta per la verginità o il suo rischiare consapevolmente la vita), totalmente protesa a Dio (il suo immediato «sì») e piena di giovanile entusiasmo per l'opera dell'Onnipotente (il suo canto, forse la sua danza, di fronte a Elisabetta: il *Magnificat*), di cui esalta la fedeltà e la scelta dei piccoli e degli umili, piuttosto dei superbi e dei potenti. La madre di Gesù inoltre è Colei che prima di tutti si accorge dei bisogni e dei drammi nascosti degli altri e corre in loro soccorso prima ancora che essi chiedano (le nozze di Cana). Infine Gesù è tutta la sua vita e tutta la sua interiorità è piena del pensiero di Lui, dell'opera di Dio che custodisce e medita nel suo cuore.

È difficile non cogliere una perfetta corrispondenza con la personalità della ragazza di Medjugorje. La scelta stessa di Medjugorje riflette una «psicologia» (ci si perdoni il termine) davvero inconfondibile. Perché Medjugorje era veramente un posto totalmente fuori dal mondo e insignificante. Ancora più assurda sembra la scelta dei sei ragazzini privi di qualsiasi requisito utile per fare alcunché (senza potere, senza cultura, senza denaro, senza armi, senza mezzi di comunicazione, senza capacità, senza convinzione e, a quei tempi, perfino senza libertà di movimento a causa del regime ostile). Ma lo stesso aveva fatto a Lourdes e a Fatima. A Medjugorje però ci sono anche degli aspetti di novità.

È chiaro che qui, dopo la «scelta» dei sei ragazzi (e attraverso di loro) la Madonna ha manifestato di aver «scelto» tutta questa parrocchia dell'Erzegovina per realizzare il suo disegno per il mondo («Cari figli, oggi vi prego di cessare le critiche e di pregare per l'unità della parrocchia, poiché io e mio Figlio abbiamo un progetto speciale su questa parrocchia», 12.4.1984; «Figli, invito ognuno di voi ad aiutarmi perché si realizzi il mio piano tramite questa parrocchia», 25.4.1994). Un'elezione inedita, che spiega – secondo padre Bubalo – anche l'abbondanza di segni (nel cielo e sul monte) che qui ha dato: «Per convincere il suo popolo della sua presenza»[19].

---

[19] VB, pp. 233-234.

Anche la grande quantità di apparizioni e la disponibilità a sottoporsi a tutte le incertezze, le richieste e le suppliche fa pensare – secondo la riflessione di due teologi – che lei qui desiderasse «rispondere a tutte le domande dei suoi figli per risvegliare in loro il desiderio di rivolgersi a lei con piena fiducia»[20].

Ma si resta comunque sbigottiti di fronte a questa logica. Padre Livio Fanzaga ha scritto parole in cui viene spontaneo riconoscersi: «Possibile, mi dicevo, che per far trionfare il suo Cuore Immacolato in questo mondo sommerso dal male (25.9.1991) la Madonna debba bussare alla porta di un pugno di case cresciute fra pietre e cespugli spinosi, dove gli abitanti convivono con pecore, capre e galline?». E ancora: «Mi ha sempre colpito l'audacia di questo piano, tenuto conto della piccolezza e quasi dell'insignificanza dei mezzi. Che cosa avrebbe potuto fare un piccolo villaggio croato, fra l'altro imprigionato nella gabbia di ferro del comunismo, formato da poveri contadini isolati dal mondo? Quale stratega sarebbe partito da un luogo così insignificante e con un esercito così poco affidabile? Pensavo che in fondo anche la prima volta era accaduto così. Il punto di partenza era stato Nazaret, un villaggio oscuro alla periferia dell'Impero romano, e l'esercito di conquista era formato da un falegname e da alcuni pescatori». Ecco, «questo pugno di famiglie contadine nei piani di Maria è il nerbo di un esercito il cui scopo è di riconquistare un mondo che ha abbandonato Dio»[21].

L'ha dichiarato lei stessa in uno dei suoi messaggi alla parrocchia: «Cari figli, voglio che comprendiate che Dio ha scelto ognuno di voi nel suo piano di salvezza per l'umanità. Voi non potete capire quanto grande sia la vostra persona nel disegno di Dio. Perciò cari figli, pregate affinché nel pre-

---

[20] MVZ, p. 96.
[21] LF1, pp. 152-154.

gare comprendiate ciò che poi dovete fare secondo il piano di Dio» (25.1.1987).

Anche a Lourdes, Fatima e La Salette «la Madre di Dio ha mostrato di scegliere i poveri, i piccoli e i semplici per i grandi compiti»[22].

Questo rovesciamento dei criteri di giudizio del mondo, questo innalzamento di ciò che è piccolo e insignificante e questo annichilimento della superbia e della potenza umana, è il tratto inconfondibile del Dio di Israele, il Dio di Abramo, di Mosè e di Maria. È altrimenti inspiegabile il fatto che la Madre di Dio, Colei che la Chiesa venera come Regina del cielo e della terra, alla vigilia dei grandi sconvolgimenti del XX secolo, cioè nel 1917, preannunci tutto quel che dovrà accadere (a cominciare dalla rivoluzione d'ottobre) non a reggitori delle nazioni o a personalità illuminate della cultura e della scienza, ma a tre ragazzini analfabeti di un borgo di montagna del Portogallo che neanche sanno cos'è la Russia (credevano fosse una signora), chiedendo a loro quelle preghiere e quegli atti di amore riparatori che aiutino lei a ottenere misericordia per l'umanità. E lo stesso fa con i ragazzi di Medjugorje. Passa delle ore, giorno dopo giorno, a spiegare a Ivanka, a Marija, a Jakov, a Ivan, a Vicka e Mirjana, i vari segreti, uno per uno, che riguardano il nostro futuro prossimo e a pregare con loro. Perché a loro, proprio a persone semplici come loro e come ciascun pellegrino di Medjugorje, apparentemente insignificanti nel mondo, ma preziosissimi e molto «potenti» per Lei, chiede un aiuto. Non è sempre lo stesso «metodo» che ha «eletto» Fatima e prima Lourdes e – per andare all'origine – la stessa ragazza di Nazaret?

Un giorno Gesù stesso è preso come da un fremito di entusiasmo per questa scelta del Padre e si mette a esaltarlo ad alta voce: «Ti ringrazio, Padre, Signore del cielo e della terra.

---

[22] *Ibid.*, pp. 17-18.

Perché hai nascosto queste cose ai grandi e ai sapienti e le hai fatte conoscere ai piccoli» (*Matteo* 11, 25).

E san Paolo lo sottolinea: «Dio ha scelto ciò che nel mondo è stolto, per confondere i sapienti. Dio ha scelto ciò che nel mondo è debole, per confondere i forti. Dio ha scelto ciò che nel mondo è ignobile e disprezzato e ciò che è nulla, per ridurre a nulla le cose che sono, perché nessun uomo possa gloriarsi davanti a Dio» (*1 Corinzi* 1, 27-29).

PARTE SECONDA

LE PROFEZIE E LE PROVE

«*Ed è come se d'un tratto
ciò che fu e ancora può essere
avesse appena trovato spiegazione
perché qualcuno che non s'era visto entrare
ha sollevato la tenda alla finestra...
Adesso so perché sono venuto al mondo.*»

LOUIS ARAGON

Capitolo 1
Attenzione alle date!

Il 13 maggio 1981, esattamente nel giorno dell'apparizione (e della festa) della Madonna a Fatima, il Papa subisce l'attentato in piazza San Pietro. Appena riesce a riprendere le forze, in ospedale, si fa portare l'incartamento relativo al celebre «terzo segreto»[1]: è il 18 luglio 1981.

[1] S'intende con questa formula la terza parte del messaggio affidato a suor Lucia dos Santos il 13 luglio 1917 a Cova di Iria-Fatima, testo che i pontefici non hanno mai rivelato. Lo farà in seguito proprio Giovanni Paolo II, il 13 maggio del 2000. Ecco il testo del segreto: «Dopo le due parti che già ho esposto, abbiamo visto al lato sinistro di Nostra Signora un poco più in alto un Angelo con una spada di fuoco nella mano sinistra; scintillando emetteva fiamme che sembrava dovessero incendiare il mondo; ma si spegnevano al contatto dello splendore che Nostra Signora emanava dalla sua mano destra verso di lui: l'Angelo indicando la terra con la mano destra, con voce forte disse: Penitenza, Penitenza, Penitenza! E vedemmo in una luce immensa che è Dio: qualcosa di simile a come si vedono le persone in uno specchio quando vi passano davanti un Vescovo vestito di bianco, abbiamo avuto il presentimento che fosse il Santo Padre. Vari altri Vescovi, Sacerdoti, religiosi e religiose salire una montagna ripida, in cima alla quale c'era una grande Croce di tronchi grezzi come se fosse di sughero con la corteccia; il Santo Padre, prima di arrivarvi, attraversò una grande città mezza in rovina e mezzo tremulo con passo vacillante, afflitto di dolore e di pena, pregava per le anime dei cadaveri che incontrava nel suo cammino; giunto alla cima del monte, prostrato in ginocchio ai piedi della grande Croce venne ucciso da un gruppo di soldati che gli spararono vari colpi di arma da fuoco e frecce, e allo stesso modo morirono gli uni dopo gli altri i Vescovi Sacerdoti, religiosi e religiose e varie persone secolari, uomini e donne di varie classi e posizioni. Sotto i due bracci della Croce c'erano due Angeli ognuno con un innaffiatoio di cristallo nella mano, nei quali raccoglievano il sangue dei Martiri e con esso irrigavano le anime che si avvicinavano a Dio».

Leggendo attentamente quella «profezia» il Papa riconosce immediatamente in quelle immagini di morte e distruzione le immani persecuzioni che i cristiani hanno subito nel XX secolo[2] e s'identificò senza dubbi nella figura del «vescovo vestito di bianco» che cade ferito a morte, figura centrale del segreto. In seguito spiegò la sua convinzione secondo cui «fu una mano materna a guidare la traiettoria della pallottola e il Papa agonizzante si fermò sulla soglia della morte»[3]. Il Papa esplicitò questa convinzione anche portando in dono, come ex voto, la pallottola che lo aveva colpito, al santuario di Fatima, dove è stata incastonata nella corona della statua della Vergine (nel frattempo, nel mese di giugno, poche settimane dopo l'attentato, sono iniziate le apparizioni a Medjugorje dove la Madonna ha confermato non solo di aver scelto lei stessa questo Papa, ma di averlo anche protetto in

---

[2] (Cfr. ANTONIO SOCCI, *I nuovi perseguitati*, Piemme 2001). Il cardinale Angelo Sodano, nella presentazione del testo del messaggio di Fatima, il 13 maggio del 2000, spiega ufficialmente: «Tale testo costituisce una visione profetica paragonabile a quelle della Sacra Scrittura, che non descrivono in senso fotografico i dettagli degli avvenimenti futuri, ma sintetizzano e condensano su un medesimo sfondo fatti che si distendono nel tempo in una successione e in una durata non precisate. Di conseguenza la chiave di lettura del testo non può che essere di carattere simbolico. La visione di Fatima riguarda soprattutto la lotta dei sistemi atei contro la Chiesa e i cristiani e descrive l'immane sofferenza dei testimoni della fede dell'ultimo secolo del secondo millennio. È una interminabile *Via Crucis* guidata dai Papi del ventesimo secolo. Secondo l'interpretazione dei *pastorinhos*, interpretazione confermata anche recentemente da suor Lucia, il «Vescovo vestito di bianco» che prega per tutti i fedeli è il Papa. Anch'Egli, camminando faticosamente verso la Croce tra i cadaveri dei martirizzati (vescovi, sacerdoti, religiosi, religiose e numerosi laici) cade a terra come morto, sotto i colpi di arma da fuoco».

[3] *Meditazioni con i vescovi italiani* in «Insegnamenti», vol. XII/1, 1994, p. 1061. Il segreto dice dice che il «vescovo vestito di bianco» viene «ucciso». Il Papa però non morì nel noto attentato, pur sfiorando la morte. Come interpretare questa differenza? Il cardinale Ratzinger, a cui è stata affidata la meditazione teologica sul segreto, ha spiegato: «Che qui una "mano materna" abbia deviato la pallottola mortale, mostra solo ancora una volta che non esiste un destino immutabile, che fede e preghiera sono potenze, che possono influire nella storia e che alla fine la preghiera è più forte dei proiettili, la fede più potente delle divisioni».

modo speciale: «I suoi nemici hanno cercato di ucciderlo, ma io l'ho difeso»).

La coincidenza tra la data dell'attentato e l'anniversario della Madonna di Fatima era troppo evidente perché non risvegliasse nel Papa, così devoto alla Vergine da aver fatto suo il motto mariano «Totus tuus», di consacrare il mondo e in particolare la Russia al Cuore Immacolato di Maria, come la Vergine ha chiesto a Fatima per aiutarla nell'opera di salvezza dell'umanità dai nuovi terrificanti pericoli che la minacciano.

Così già l'8 dicembre 1981, sei mesi dopo l'attentato, in una celebrazione a Santa Maria Maggiore, papa Wojtyla dice: «Maria, a te affidiamo le sorti dell'umanità». C'era lì il vescovo cecoslovacco Pavel Hnilica, amico del Papa e molto devoto a Fatima, e in sagrestia, come ha raccontato ad Andrea Tornielli, dice al Pontefice: «Santità, non basta l'affidamento, ci vuole la consacrazione». E il Papa: «Lo so, ma molti teologi sono contrari»[4].

Esattamente a un anno dall'attentato, il 13 maggio 1982, il Santo Padre è a Fatima (dove porta la pallottola che lo ha ferito come ex voto), incontra suor Lucia e – durante l'omelia della messa – parla delle «minacce quasi apocalittiche che incombono sulle nazioni e sull'umanità». Quindi, alla fine, consacra il mondo al cuore di Maria con un'accorata e drammatica serie di invocazioni («Liberaci dalla fame e dalla guerra, dalla guerra nucleare, dai peccati contro i nascituri, dall'odio... dal tentativo di strappare dai cuori la verità stessa di Dio... Accogli, o Madre di Cristo, questo grido carico di sofferenza, di tutti gli uomini!»). Tuttavia una condizione richiesta dalla Madonna – che cioè la consacrazione venga fatta insieme con i vescovi nelle loro Chie-

---

[4] ANDREA TORNIELLI, *Fatima. Il Segreto svelato*, Gribaudi, p. 134. Nelle righe che seguono, in questo capitolo, seguiremo l'accurata ricostruzione temporale fatta da Tornielli nel volume citato, per la sua precisione.

se – viene meno perché le lettere sono state spedite troppo tardi dal Vaticano.

Perciò suor Lucia deve comunicare al nunzio apostolico in Portogallo che la consacrazione non è stata fatta «così come la Madonna l'aveva chiesta».

Nel 1983 il Papa – durante l'Anno Santo della Redenzione – fa una nuova consacrazione durante il Sinodo dei vescovi, infine il 25 marzo, con una lettera all'episcopato, annuncia una nuova solenne consacrazione per domenica 25 marzo 1984 e chiede a tutti i pastori di rinnovare con lui questo atto. Nella speranza che si possa finalmente adempiere a quanto richiese la Madonna 66 anni prima.

Ma cosa disse precisamente a Fatima? Durante la prima apparizione, quella del 13 maggio 1917, aveva chiesto fra l'altro: «Recitate il rosario tutti i giorni per ottenere la pace per il mondo e la fine della guerra» (si era nel mezzo della Prima Guerra mondiale, l'«inutile strage»). Durante la seconda apparizione, il 13 giugno, disse a Lucia: «Gesù vuole servirsi di te per farmi conoscere e amare. Vuole stabilire nel mondo la devozione al mio cuore immacolato».

Durante la terza apparizione, il 13 luglio, la Madonna mostrò a Lucia l'inferno, poi disse che proprio per salvare i peccatori dall'inferno «Dio vuole stabilire nel mondo la devozione al mio cuore immacolato». Poi aggiunse una serie di profezie, tutte avveratesi nel corso del XX secolo, eccetto le ultime, ancora aperte: «La guerra sta per finire, ma se non smetteranno di offendere Dio, nel regno di Pio XI ne comincerà un'altra peggiore. Quando vedrete una notte illuminata da una luce sconosciuta, sappiate che è il grande segnale che Dio vi dà del fatto che si appresta a punire il mondo per i suoi delitti, per mezzo della guerra, della fame e delle persecuzioni alla Chiesa e al Santo Padre. Per impedire tutto questo, sono venuta a chiedere la consacrazione della Russia al mio cuore immacolato e la comunione riparatrice nei primi sabati. Se ascolterete le mie richieste, la Russia si convertirà e avrete pace; diversamente, diffonderà i suoi errori nel mondo, promuovendo guerre e persecuzioni alla Chiesa; i buoni saranno martirizzati, il Santo Padre dovrà soffrire molto, diverse nazioni saranno annientate; infine il mio Cuore Immacolato trionferà. Il Santo Padre mi consacrerà la Russia che si convertirà e sarà concesso al mondo qualche tempo di pace».

Nel 1983 non solo la Russia aveva «sparso» il suo errore su una gran parte del pianeta, da Trieste e Berlino fino ai confini dell'Alaska e a tutta la Cina (per restare solo a Europa e Asia), ma la nomenklatura sovietica – dopo aver soffocato nel sangue la primavera polacca e aver invaso l'Afghanistan (faccio notare *en passant* che poco prima si colloca l'attentato al Papa polacco) – si preparava ad affrontare la sfida politico-economico-militare della presidenza Reagan puntando sulla vittoria. È infatti di questi anni la gravissima crisi degli euromissili. Tutti gli storici concordano che in questo periodo 1983-1984 – con Andropov e Cernenko – si tocca il massimo assoluto della tensione fra Est e Ovest, tanto che per la prima volta viene preso seriamente in considerazione l'inconcepibile: uno scontro nucleare con l'Occidente.

Dunque è in questo contesto terrificante che il 25 marzo 1984, come annunciato, il Papa solennemente affida il mondo al «cuore materno di Maria». Davanti a migliaia di persone e alla statua della Madonna di Fatima, appositamente portata dal santuario, il Papa pronuncia parole drammatiche:

> «E perciò, *o Madre degli uomini e dei popoli*, Tu che conosci tutte le loro sofferenze e le loro speranze, Tu che senti maternamente tutte le lotte tra il bene e il male, tra la luce e le tenebre, che scuotono il mondo contemporaneo, accogli il nostro grido che, mossi dallo Spirito Santo, rivolgiamo direttamente al Tuo Cuore: *abbraccia* con *amore* di Madre e di Serva del Signore, questo nostro mondo umano, che Ti affidiamo e consacriamo, pieni di inquietudine per la sorte terrena ed eterna degli uomini e dei popoli.

In modo speciale Ti affidiamo e consacriamo quegli uomini e *quelle nazioni*, che di questo affidamento e di questa consacrazione hanno particolarmente bisogno.

"Sotto la Tua protezione cerchiamo rifugio, santa Madre di Dio!" Non disprezzare le suppliche di noi che siamo nella prova!

Ecco, trovandoci davanti a Te, Madre di Cristo, *dinanzi al Tuo Cuore Immacolato*, desideriamo, insieme con tutta la Chiesa, unirci alla consacrazione che, per amore nostro, il Figlio Tuo ha fatto di se stesso al Padre: "Per loro – egli ha detto – io consacro me stesso, perché siano anch'essi consacrati nella verità" (*Gv* 17, 19). Vogliamo unirci al nostro Redentore in questa consacrazione per il mondo e per gli uomini, la quale, nel suo Cuore divino, ha la potenza di ottenere il perdono e di procurare la riparazione.

La potenza di questa consacrazione dura per tutti i tempi ed abbraccia tutti gli uomini, i popoli e le nazioni, e supera ogni male, che lo spirito delle tenebre è capace di ridestare nel cuore dell'uomo e nella sua storia e che, di fatto, ha ridestato nei nostri tempi.

Oh, quanto profondamente sentiamo il bisogno di consacrazione per l'umanità e per il mondo: per il nostro mondo contemporaneo, in unione con Cristo stesso! L'opera redentrice di Cristo, infatti, deve essere *partecipata dal mondo per mezzo della Chiesa*.

Lo manifesta il presente Anno della Redenzione: il Giubileo straordinario di tutta la Chiesa.

Sii benedetta, in questo Anno Santo, *sopra ogni creatura* Tu, Serva del Signore, che nel modo più pieno obbedisti alla Divina chiamata!

Sii salutata Tu, che *sei interamente unita* alla consacrazione redentrice del Tuo Figlio!

Madre della Chiesa! Illumina il Popolo di Dio sulle vie della fede, della speranza e della carità! *Illumina specialmente i popoli di cui Tu aspetti la nostra consacrazione e il nostro affidamento.* Aiutaci a vivere nella verità della consacrazione di Cristo per l'intera famiglia umana del mondo contemporaneo.

AffidandoTi, o Madre, il mondo, tutti gli uomini e tutti i popoli, Ti affidiamo anche la stessa consacrazione del mondo, mettendola nel Tuo Cuore materno.

Oh, Cuore Immacolato! Aiutaci a vincere la minaccia del male, che così facilmente si radica nei cuori degli uomini d'oggi e che nei suoi effetti incommensurabili già grava sulla vita presente e sembra chiudere le vie verso il futuro!

Dalla fame e dalla guerra, *liberaci!*

Dalla guerra nucleare, da un'autodistruzione incalcolabile, da ogni genere di guerra, *liberaci!*

Dai peccati contro la vita dell'uomo sin dai suoi albori, *liberaci!*
Dall'odio e dall'avvilimento della dignità dei figli di Dio, *liberaci!*
Da ogni genere di ingiustizia nella vita sociale, nazionale e internazionale, *liberaci!*
Dalla facilità di calpestare i comandamenti di Dio, *liberaci!*
Dal tentativo di offuscare nei cuori umani la verità stessa di Dio, *liberaci!*
Dallo smarrimento della coscienza del bene e del male, *liberaci!*
Dai peccati contro lo Spirito Santo, *liberaci! liberaci!*
Accogli, o Madre di Cristo, questo grido *carico della sofferenza* di tutti gli uomini! *Carico della sofferenza* di intere società!
Aiutaci con la potenza dello Spirito Santo a vincere ogni peccato: il peccato dell'uomo e il "peccato del mondo", il peccato in ogni sua manifestazione.
Si riveli, ancora una volta, nella storia del mondo l'infinita potenza salvifica della Redenzione: potenza dell'*Amore misericordioso!* Che esso arresti il male! Trasformi le coscienze! Nel Tuo Cuore Immacolato si sveli per tutti la *luce della Speranza!*».

Le sottolineature del testo sono il riferimento alla Russia, giacché la citazione esplicita della Russia sarebbe stata interpretata come una provocazione politica (erano gli anni in cui Reagan aveva definito l'Urss come «l'Impero del Male»). Del resto il Papa aveva saputo che anche i vescovi ortodossi russi si sarebbero uniti, dalla loro terra, in quell'atto di consacrazione e questo rappresentava un fatto importante. Infatti suor Lucia dichiarerà che stavolta è stata adempiuta la richiesta della Madonna (le cui modalità erano state precisate nelle successive apparizioni, non più pubbliche, ma private, che la suora portoghese continuò ad avere a lungo).

Che cosa accade a questo punto dopo questo 25 marzo 1984 nel quale il Papa ha messo il mondo sotto la protezione della Vergine consacrando in special modo la Russia? Molti ritengono che la storia sia solo quella che vediamo alla superficie, che sia totalmente nelle mani degli uomini e di dinamiche (economiche, politiche e storiche) calcolabili. Ma anche chi non ammette un fattore imponderabile o una Provvidenza che sa scrivere diritto perfino sulle righe storte tracciate dagli uomini, fa fatica a spiegarsi l'imprevedibile piega che di colpo presero gli eventi del mondo.

Dicevamo che gli esperti di questioni politico-militari sostengono che il 1984, con il duro scontro sui missili che metteva alle corde il sistema sovietico, fu il momento di massima tensione fra Est e Ovest. L'Urss in effetti stava perdendo il confronto decisivo e a questo punto un conflitto armato – apocalittico – entrò nel novero delle probabilità considerate al Cremlino. Perché l'Urss non era più in grado di competere, economicamente, nella corsa agli armamenti e non poteva permettersi di accettare un'inferiorità militare irrecuperabile.

D'altra parte se la guerra fredda aveva prodotto in 40 anni 130 mila armi nucleari (costate circa 9 mila miliardi di dollari) era nell'ordine delle cose che prima o poi – specialmente quando l'Urss fosse arrivata al tracollo economico-sociale – si pensasse di farne uso. Ma – con la morte di Andropov e Cernenko e l'arrivo al potere di Gorbacev pochi mesi dopo quella «consacrazione» (nel 1985) – il comunismo andò verso un'implosione fulminea e inaudita. La più grande dittatura della storia crollò in 4 anni come nessuno mai avrebbe potuto immaginare e soprattutto si disintegrò senza violenze né vittime[5]. Questo è il fenomeno ancora più inspiegabile. Si dirà ovviamente che sia un caso che tutto questo sia accaduto subito dopo l'atto compiuto dal Papa in piazza San Pietro. Ma quel «caso» ha «casualmente» voluto pure che l'atto di liquidazione dell'Urss (che diventa Csi, Comunità di stati

---

[5] A una giornalista che il 25 gennaio 1990 chiese al Papa, durante un viaggio, se gli eventi del crollo del Muro di Berlino hanno qualcosa a che fare con il Terzo segreto di Fatima (in quel momento ancora sconosciuto), il Pontefice rispose: «Questa fiducia della gente nella Madonna è teologicamente giustificata, perché sappiamo bene che Lei è la Madre degli uomini, dei popoli». E suor Lucia, raggiunta dalla rivista «30 Giorni» nel suo convento, dichiarava: «Sono completamente d'accordo con quanto ha detto il Santo Padre... Credo si tratti di un'azione di Dio nel mondo, per liberarlo dal pericolo di una guerra atomica che potrebbe distruggerlo. E di un appello insistente all'umanità per una fede più viva».

indipendenti, come Leningrado torna a chiamarsi San Pietroburgo) in quel 1991 sia sancito l'8 dicembre[6], festa dell'Immacolata Concezione («il mio Cuore Immacolato trionferà» fu detto a Fatima) e che la bandiera rossa (il vessillo in nome del quale si era perpetrata la più immane strage di cristiani della storia) sia stata ammainata dal Cremlino il 25 dicembre 1991, il giorno di Natale, con il partito comunista sovietico sostanzialmente messo fuori legge.

È tutta una coincidenza casuale senza significato? Può darsi. Ma a quelle due date cruciali (e due indizi sono già una prova, com'è noto) se ne dovrebbe aggiungere anche un'altra. Bisogna chiedersi infatti cosa era accaduto in Urss fra 1984 e 1985 per far archiviare l'ipotesi bellica (assestare il primo colpo poteva far pensare di poter vincere): perché quell'inversione strategica di rotta? Innanzitutto le morti di Andropov e Cernenko. Ma bastano questi due eventi, seppure cruciali, a spiegare il capovolgimento di una linea politica così grave? Molte cose dovremo scoprire. Ma uno dei tasselli mancanti è stato ricostruito dall'esperto di storia militare Alberto Leoni sul *Domenicale* del 7 agosto 2004: il fatto che mise ko il potenziale militare sovietico durante la crisi del 1984 fu l'esplosione dell'arsenale di Severomorsk, nel Mare del Nord. «Senza quell'apparato missilistico che controllava l'Atlantico» dice Leoni «l'Urss non aveva più alcuna speranza di vittoria. Per questo l'opzione militare fu cancellata».

Bene. Quell'incidente assolutamente decisivo avvenne due mesi dopo il rito solenne della Consacrazione in piazza San Pietro. Può essere casuale anche questo, ma si noti la data dell'incidente di Severomorsk: 13 maggio 1984. Sì: il 13 maggio. Proprio l'anniversario e festa della Madonna di Fatima e dell'attentato al Papa. Una serie di eventi da cui scaturisce – pochi

---

[6] Mikhail Gorbacev, ricordando quella riunione in cui fu deciso lo smantellamento dell'Urss, dirà: «Ancora oggi non riesco a capire quello che passò per la testa dei deputati russi, ucraini e bielorussi» («Corriere della Sera», 30 dicembre 2001).

mesi dopo – l'elezione alla leadership di Gorbacev: una scelta che significa l'abbandono di una strategia entro cui era contemplata anche l'opzione bellica, e l'adozione dell'altra strategia, quella di una riforma del sistema sovietico[7]. Sennonché quel sistema era irriformabile e il suo crollo diventò inevitabile[8].

[7] L'atto pubblico più importante che indicò questa diversa scelta strategica di Gorbacev fu il *Trattato* firmato a Washington nel 1987 per la riduzione degli armamenti e l'eliminazione degli euromissili. In quegli anni infatti, secondo il «Bullettin of Atomic Scientists», si era raggiunta la somma massima di testate nucleari fra i due antagonisti (circa 70 mila). Per la prima volta, con questo *Trattato*, si passò dagli accordi sulla «limitazione» di nuove armi nucleari, all'accordo per la loro eliminazione. Una delle veggenti di Medjugorje, Marija Pavlovic, ha rivelato, in un'intervista esclusiva a Giancarlo Giojelli per il programma tv *Excalibur* del 28 febbraio 2003 (Rai 2), il singolare ruolo avuto in quel *Trattato* dalla Regina della Pace: «Un giorno (a Bijakovici, *NdA*) vidi per strada un uomo e una donna, infreddoliti e bagnati dalla pioggia. Così invitai quei due poveretti in casa per offrire loro un tè caldo. Abbiamo dato loro dei nostri vestiti asciutti e poi abbiamo cominciato a parlare: scoprimmo che erano americani e lui era uno dei consiglieri della Casa Bianca per gli affari europei e parlava con il presidente ogni settimana. Erano venuti a Medjugorje perché avevano una bambina down e guarda caso erano finiti proprio in casa mia... Loro non sapevano che io ero una delle veggenti. La mia amica, che conosceva l'inglese e faceva da interprete, continuava a insistere con me perché mandassi un messaggio al presidente Reagan, in quanto quella circostanza – con tutta evidenza – era stata mandata dal Cielo. Continuammo a parlare a lungo, loro mi raccontarono la loro vita e io parlai delle apparizioni. Poi lui mi disse che certamente avrebbe potuto consegnare al presidente una lettera e dunque io ho scritto ciò che la Madonna ci ha detto. Dopo una settimana arriva una telefonata che esordisce così: "Qui è la Casa Bianca...". Io ho detto: "vai a prendere in giro qualcun altro...". Ma subito dopo ha chiamato quel mio amico spiegandomi che era davvero la Casa Bianca: il presidente voleva ringraziarmi. Così richiamarono e il presidente Reagan mi ringraziò per la lettera: "È venuta proprio nel momento giusto della mia vita", mi disse. Poi anche sua moglie volle ringraziarmi e mi disse che anche loro avrebbero fatto preghiere e digiuno come la Madonna chiedeva. Dopo alcuni giorni doveva essere firmato il Trattato di Washington con l'Urss per l'eliminazione di armi nucleari e Reagan volle che, fra i documenti da portare con sé ai colloqui con Gorbacev, ci fosse pure quella mia lettera. So che lui ha parlato a Gorbacev di quella lettera e poi hanno firmato. In seguito mi è arrivata una cartolina con la foto del presidente e il suo ringraziamento, scritto di suo pugno. Dopo un po' un amico ambasciatore mi ha fatto sapere che anche Gorbacev avrebbe dovuto avere una lettera di quel tipo e così ho scritto anche a lui. Una storia che dimostra, mi pare, che anche nel piccolo si può fare molto».

[8] Monsignor Angelo Kim Nam Su, presidente della Conferenza episcopale coreana, ha scritto l'11 novembre 1990 su «Notizie cattoliche» di aver avuto que-

Senza sapere nulla di tutto questo, né delle segrete cose del Cremlino, Lucia, l'ultima delle veggenti di Fatima, in una delle sue rarissime interviste dichiarò candidamente: «La Consacrazione del 1984 ha evitato una guerra atomica che sarebbe accaduta nel 1985».

Ma torniamo allora un passo indietro, proprio a quella consacrazione del 25 marzo 1984. Quello stesso giorno monsignor Pavel Hnilica riesce a portare a termine un'impresa incredibile e spericolata. Compiere l'atto di consacrazione della Russia, ma – clandestinamente – dentro le mura del Cremlino, a Mosca, nello stesso momento in cui il Papa lo sta facendo a Roma. Era riuscito a entrare al Cremlino e ad avvicinarsi all'altare di san Michele. Poi, racconta a Tornielli, «dalla borsa ho tirato fuori una copia della "Pravda", che però al suo interno celava la pagina dell'"Osservatore Romano" con la preghiera della consacrazione. Mi sono unito spiritualmente al Santo Padre e ai vescovi del mondo. Poi sono andato nella chiesa dell'Assunta, la cattedrale principale di Mosca, allora ridotta a museo. E ho celebrato la messa di nascosto, con poche gocce di vino nascoste in un tubetto di medicinali e le ostie in un sacchettino di nylon. Ho utilizzato il testo in latino della messa dell'Annunciazione, sempre nascosto tra le pagine della "Pravda"...»[9].

Il giorno dopo, di ritorno da Mosca, viene invitato a colazione dal Papa, di cui è amico da tanti anni e consigliere per i Paesi dell'Est, e lì racconta per filo e per segno come sia riuscito a portare a termine una simile impresa.

Il Santo Padre ascolta strabiliato, felice e commosso e alla fine commenta: «La Madonna ti ha condotto per mano!». Padre Hnilica sorridendo esclama: «No, Santità, mi ha por-

---

sto scambio di parole a tavola con il Papa, durante l'ultimo Sinodo: «Alla mia osservazione: "Santità, grazie a lei la Polonia è riuscita a liberarsi dal comunismo", il Santo Padre mi ha corretto dicendo: "No, non grazie a me; è stata opera della Vergine, come ha detto a Fatima e a Medjugorje"» (cit. in CS, p. 391).

[9] TORNIELLI, *op. cit.*, p. 138.

tato in braccio». E a questo punto il Papa chiede: «Pavel, sei passato da Medjugorje?». Il monsignore cecoslovacco risponde: «No, Santo Padre». «Com'è che non ci sei stato?», insiste il Pontefice. E padre Hnilica: «Il Vaticano me lo ha sconsigliato». Il Papa ha un attimo di silenzio, poi fa un gesto della mano di quelli che significano: «Non preoccuparti!». E aggiunge: «Vai in incognito e poi mi riferirai ciò che hai visto». Prende il monsignore sotto braccio e lo conduce nella biblioteca dove gli mostra il volume, appena uscito, di padre Laurentin su Medjugorje. Legge alcuni messaggi della Madonna e poi commenta: «Vedi Pavel, Medjugorje è la continuazione di Fatima, è la realizzazione di Fatima»[10].

È interessante scoprire che nei giorni che hanno preceduto la solenne consacrazione del 25 marzo 1984 il Papa stesse leggendo quel volume. D'altra parte il Pontefice ha seguito fin dagli inizi la vicenda di Medjugorje con grande interesse e oltre ai libri di padre Laurentin ha letto anche i rapporti degli studiosi e dei medici che hanno lavorato a Medjugorje. All'origine della sua intuizione del legame profondo fra Fatima e Medjugorje può esserci la collocazione dell'apparizione in un Paese d'oltrecortina, che fa presentire il «trionfo» del Cuore Immacolato di Maria annunciato a Fatima. Ma quell'intuizione del Papa riceverà una conferma eccezionale dalla Madonna stessa, nel suo messaggio del 25 agosto 1991.

È un messaggio molto importante e si colloca in un momento storico delicatissimo. Il mondo è in subbuglio. Proprio il 21 agosto un golpe militare dell'Armata Rossa in Urss ha cercato di scongiurare la dissoluzione del regime. Il 24 agosto è fallito, ma lasciando temere un ritorno al passato. Tutto è ancora in bilico. E nel messaggio mensile del 25 agosto (la

---

[10] A raccontare questo episodio è lo stesso monsignor Hnilica, il 24 marzo 1994 a Medjugorje, dove è andato in pellegrinaggio per celebrare il decimo anniversario della consacrazione del mondo al Cuore Immacolato di Maria.

Madonna ha cominciato a dare questi messaggi alla parrocchia dal marzo 1984), la Vergine chiede una novena di preghiere e di sacrifici per realizzare ciò che ha iniziato a Fatima: «Cari figli, anche oggi vi invito alla preghiera, ora come non mai, da quando il mio piano ha incominciato a realizzarsi. Satana è forte e vuole disturbare i miei progetti di pace e di gioia e farvi pensare che mio Figlio non sia forte nelle sue decisioni. Perciò vi invito, cari figli, a pregare e a digiunare ancor più intensamente. Vi invito a qualche rinuncia per la durata di nove giorni, perché con il vostro aiuto si realizzi tutto ciò che voglio realizzare secondo i segreti iniziati a Fatima. Vi invito, cari Figli, a comprendere l'importanza della mia venuta e la serietà della situazione. Voglio salvare tutte le anime e offrirle a Dio. Perciò preghiamo perché tutto quello che ho cominciato si realizzi completamente. Grazie per aver risposto alla mia chiamata».

Resta ovviamente un mistero il motivo per cui la Madonna ha chiesto quella novena per il compimento di Fatima, ma bisogna rilevare che nei quattro mesi successivi a quella novena si verifica la fine definitiva del regime comunista sovietico, dell'Urss e del Patto di Varsavia (nelle date che abbiamo sottolineato: l'8 dicembre, festa dell'Immacolata, e il 25 dicembre, Natale di Gesù), senza ritorni al passato, né violenze, né bagni di sangue. È naturale pensare che il legame con Fatima sia però più profondo degli eventi del 1991.

Padre Slavko Barbaric spiegava così, nel 1998, il riferimento fatto dalla Vergine: «A Medjugorje siamo chiamati a pregare perché possa realizzarsi la promessa fatta a Fatima. È abbastanza naturale che il nostro primo pensiero sia: "Se a Fatima sono stati annunciati i tempi terribili che l'Europa ha vissuto a partire dalla Prima Guerra mondiale, inclusa l'èra del comunismo, la Seconda Guerra e gli anni del dopoguerra, allora Medjugorje annuncerà la fine di quei tempi". Il mondo sta attraversando terribili momenti di crisi che hanno condotto anche a un'orribile guerra nei paesi in cui

Lei appare. Dopo verrà il Trionfo del suo Cuore Immacolato. Eppure non sappiamo ancora quanto e come queste crisi origineranno dolore. Come non conosciamo il contenuto del Terzo Segreto di Fatima (padre Slavko scrive nel 1998, *NdA*) non conosciamo nemmeno il contenuto dei segreti rivelati qui. Ma non è questa la cosa più importante. La cosa importante è che con le preghiere e il digiuno possiamo contribuire alla realizzazione del Trionfo. Questa è la ragione per cui oggi Nostra Signora ci chiede una novena di preghiera e di rinuncia, una condizione affinché quello che ha già cominciato possa infine attuarsi»[11].

Dovrebbe essere questo l'unico caso di un'apparizione della Madonna in cui si cita un'altra sua apparizione. Evidentemente questo legame doveva manifestarsi in particolare in quell'anno 1991, al cui inizio la Madonna aveva detto: «Dio mi ha mandato qui per aiutarvi» (25.1.1991), e nel cui svolgimento – come si è visto – si sarebbero consumati avvenimenti cruciali (oltre agli eventi di Mosca anche la guerra del Golfo, da gennaio, conseguente all'invasione irachena del Kuwait nell'estate 1990, e l'inizio della guerra jugoslava). Proprio in questi mesi i messaggi della Madonna mettono in guardia dall'opera di Satana che «vuole la guerra» e chiedono preghiere e digiuni per ottenere la pace.

Ma, come ha suggerito anche padre Slavko, c'è dell'altro che fa pensare a Fatima. Quattro mesi prima della solenne liturgia in piazza San Pietro e del colloquio con monsignor Hnilica, il Papa aveva ricevuto, su questo delicato aspetto, «informazioni» che fanno molto riflettere.

---

[11] Fr. SLAVKO BARBARIC, ofm, *Madre, guida i nostri cuori alla pace*, Edizioni Segno, Udine 1998, p. 104.

Capitolo 2

Profezie compiute e profezie da compiere

È algida a Roma la mattina del 7 dicembre 1983. Il cielo bianco. Un sacerdote, infreddolito, oltrepassa la cancellata della porta di S. Anna ed entra in Vaticano. Ha in mano una borsa nera che contiene dei documenti. Percorre il lungo viale, poi sale alcune scale. Consegna una busta. È una lettera per il Santo Padre. Una lettera scottante. Straordinaria e drammatica. Inviata da una parrocchia retta da francescani, in Erzegovina.

È il racconto di qualcosa di inaudito, nella storia della Chiesa, che sta accadendo dal 24 giugno 1981 in questa piccola e sperduta parrocchia, Medjugorje, dove sei ragazzi sostengono di vedere e parlare quotidianamente con la Madonna, con la madre di Gesù Cristo in persona. Il parroco ha scritto questa lettera su sollecitazione di una delle veggenti, dopo l'accorata richiesta di Colei che appare. Ecco il testo:

Dopo l'apparizione della Vergine, in data 30 novembre 1983, la veggente Marija Pavlovic è venuta a dirmi: «La Madonna dice che si deve avvisare subito il Sovrano Pontefice ed il Vescovo sulla urgenza e la grande importanza del messaggio di Medjugorje».
Questa lettera vuole adempiere a questo dovere.
1. Cinque veggenti (Vicka Ivankovic, Marija Pavlovic, Ivanka Ivankovic, Ivan Dragicevic e Jakov Colo) hanno ogni giorno un'apparizione della Vergine. L'esperienza tramite la quale essi la vedono è un fatto controllabile con osservazioni dirette; è stata anche filmata. Durante le apparizioni, i veggenti non reagiscono alla luce, non sentono i rumo-

ri, non reagiscono se qualcuno li tocca, si sentono al di fuori del tempo e dello spazio.

Tutti i veggenti dichiarano in sostanza:

– Noi vediamo la Madonna come le altre persone. Con lei preghiamo, parliamo e possiamo toccarla.

– La Vergine dice che la pace del mondo è in crisi. Essa invita continuamente alla riconciliazione e alla conversione.

– Ci ha promesso di lasciare un segno visibile sul luogo delle apparizioni, a Medjugorje, per tutta l'umanità.

– Il tempo che precede questo segno visibile è un periodo di grazia per la conversione e l'approfondimento della fede.

– La Vergine ha promesso di confidarci dieci segreti. Finora, 8 sono stati svelati a Vicka Ivankovic e Marija Pavlovic (che ha ricevuto il nono l'8 dicembre 1983), 9 a Jakov Colo, Ivan Dragicevic e Ivanka Ivankovic, 10 segreti solo a Mirjana Dragicevic.

– Queste apparizioni sono le ultime apparizioni della Vergine sulla terra. Per questo sono così lunghe e frequenti.

2. La Vergine non appare più a Mirjana Dragicevic. La sua ultima apparizione quotidiana fu quella del giorno di Natale 1982. Dopo, per Mirjana, le apparizioni sono cessate, eccetto nel giorno del compleanno (18 marzo 1983), come Mirjana aveva presagito in base alla promessa della Vergine.

Durante l'apparizione del 25 dicembre 1982, secondo Mirjana, la Madonna le confidò il decimo e ultimo segreto e le svelò le date nelle quali i diversi segreti si sarebbero verificati. La Vergine ha svelato a Mirjana molti aspetti dell'avvenire, finora più di quelli detti agli altri veggenti. Per questo riporto qui ciò che Mirjana mi ha detto nel colloquio del 5 novembre 1983. Riassumo gli aspetti essenziali del suo racconto, senza citare alla lettera. Mirjana dice:

– Prima del segno visibile che sarà dato all'umanità, ci saranno tre avvertimenti al mondo. Gli avvertimenti saranno avvenimenti che succedono sulla terra. Mirjana ne sarà testimone. Tre giorni prima di uno degli avvertimenti essa informerà un sacerdote di sua scelta. La testimonianza di Mirjana sarà una conferma delle apparizioni e un incitamento alla conversione del mondo. Dopo le ammonizioni, verrà il segno visibile sul luogo delle apparizioni a Medjugorje per tutta l'umanità. Il segno sarà dato come testimonianza delle apparizioni e un invito alla fede.

– Il nono e il decimo segreto sono gravi. Sono un castigo per i peccati del mondo. La punizione è inevitabile, perché non bisogna aspettarsi la conversione del mondo intero. Il castigo può essere diminuito dalle preghiere e dalla penitenza, ma non può essere evitato. Un male che minacciava il mondo, secondo il settimo segreto, è stato cancellato grazie alla preghiera e ai digiuni, dice Mirjana. Per questo, la Vergine continua a invitare alla preghiera e al digiuno: «Avete dimenticato che con la preghiera e il digiuno, potete allontanare la guerra, sospendere le leggi naturali».

– Dopo il primo avvertimento, gli altri seguiranno entro breve tempo. Gli uomini così avranno del tempo per convertirsi.

– Questo tempo è il periodo di grazia e di conversione. Dopo il segno visibile, coloro che resteranno in vita avranno poco tempo per la conversione. Per questo la Vergine invita alla conversione urgente e alla riconciliazione.

– L'invito alla preghiera e alla penitenza è destinato ad allontanare i mali e la guerra e soprattutto a salvare le anime.

– Secondo Mirjana ci troviamo vicini agli avvenimenti predetti dalla Vergine. In nome di questa esperienza, Mirjana dice all'umanità: «Convertitevi presto, aprite i vostri cuori a Dio».

Oltre a questo messaggio essenziale, Mirjana dice di aver avuto, nel 1982, un'apparizione che getta, secondo noi, raggi di luce sulla storia della Chiesa. Essa racconta un'apparizione nella quale Satana le si è presentato con le apparenze della Vergine; Satana chiese a Mirjana di rinunciare alla Madonna e di seguirlo, perché l'avrebbe resa felice, nell'amore e nella vita; mentre, con la Vergine, essa doveva soffrire, diceva lui, Mirjana lo respinse. E subito apparve la Vergine e Satana scomparve. La Vergine le disse, sostanzialmente, quanto segue:

«Scusami per questo, ma devi sapere che Satana esiste. Un giorno si è presentato davanti al trono di Dio e ha chiesto il permesso di tentare la Chiesa per un certo periodo. Dio gli ha permesso di metterla alla prova per un secolo. Questo secolo è sotto il potere del demonio, ma quando saranno compiuti i segreti che vi sono stati affidati, il suo potere verrà distrutto. Già ora egli comincia a perdere il suo potere ed è diventato aggressivo: distrugge i matrimoni, solleva discordie tra preti, crea ossessioni, assassinii. Dovete proteggervi con la preghiera e il digiuno: soprattutto con la preghiera comunitaria. Portate con voi dei simboli benedetti. Metteteli nelle vostre case, riprendete l'uso dell'acqua benedetta».

Secondo alcuni esperti cattolici che hanno studiato le apparizioni questo messaggio di Mirjana chiarirebbe la visione che ebbe il sommo pontefice Leone XIII. Secondo loro, dopo aver avuto una visione apocalittica dell'avvenire della Chiesa, Leone XIII introdusse la preghiera a San Michele Arcangelo che i sacerdoti recitavano dopo la messa fino al Concilio. Questi esperti dicono che sta per finire il secolo di prova intravisto dal sommo pontefice Leone XIII[1].

Santissimo Padre, io non voglio essere responsabile della perdizione di nessuno... Io faccio del mio meglio, il mondo è invitato alla conversione e alla riconciliazione. Scrivendovi, Santissimo Padre, faccio solo il mio dovere; dopo aver scritto questa lettera, l'ho data ai veggenti perché chiedessero alla Vergine se il suo contenuto era esatto. Ivan Dragicevic mi ha portato questa risposta: Sì, il contenuto della lettera è vero; bisogna avvisare prima il sommo pontefice e poi il vescovo.

Questa lettera sarà accompagnata da preghiere e digiuni, perché lo Spirito Santo guidi il vostro spirito e il vostro cuore in questo periodo importante della storia. Accettate i nostri omaggi, nei Sacri Cuori di Gesù e di Maria.

Le notizie contenute in questa lettera sono praticamente pubbliche. Da anni. È stato dunque inevitabile che si scatenasse la curiosità di tanti per saperne di più sui segreti. I veggenti tuttavia sono assolutamente impenetrabili: hanno le bocche cucite, più di quello che hanno rivelato non dicono. Hanno subito pressioni di ogni genere, ma non hanno mai aggiunto una sillaba. In realtà, però, ho scoperto che, se sui «segreti» si mettono insieme tutti i tasselli già rivelati (come faremo nel prossimo capitolo), non è poco quello che si può capire. Accosteremo dunque le tessere del mosaico. Ma prima di avventurarci in questa «ricostruzione», è inevitabile porsi un'altra domanda: perché far conoscere – decenni prima della loro (eventuale) realizzazione – l'esistenza dei dieci segreti senza spiegare il loro contenuto? Che senso ha? C'è dietro una qualche pedagogia? Ci sono avvenimenti che c'illuminano in proposito?

---

[1] Anche la beata e mistica Anna Katharina Emmerich, nell'anno 1819, dopo una visione dell'Inferno, lascia queste note: «Se non sbaglio sentii che Lucifero sarà liberato e gli verranno tolte le catene, cinquanta o sessant'anni prima degli anni 2000 dopo Cristo, per un certo tempo. Sentii che altri avvenimenti sarebbero accaduti in tempi determinati, ma che ho dimenticato» (in *Visioni* a cura di Vincenzo Noia, Cantagalli 1995, p. 200).

Il 24 novembre 1993, Giovanni Paolo II, alla fine di una cena con i vescovi dell'Oceano Indiano – secondo quanto da loro riferito – pronunciò queste parole: «Come disse Hans Urs von Balthasar, Maria è la Madre che avverte i propri figli. Molti sono titubanti riguardo Medjugorje e le apparizioni che avvengono da molti anni. Ma il messaggio è rilasciato in un contesto particolare, esso corrisponde alla situazione del paese. Il messaggio insiste sulla pace, sulle relazioni tra cattolici, ortodossi e musulmani. Questi messaggi sono la chiave per comprendere ciò che avviene (la guerra che era in corso in Jugoslavia?, *NdA*) e ciò che avverrà nel mondo»[2].

Dunque – stando a questo pensiero (che però, sottolineo, è stato riportato da terzi) la guerra nella ex Jugoslavia sarebbe da interpretare come una conferma del messaggio di Medjugorje e della fondatezza dei segreti che riguardano il mondo.

Autunno 2004. Uno splendido tramonto in fiamme riempie il cielo di Roma. Salgo le scale di un antico palazzo dove incontro un prelato che sa molte cose e che non vuole essere citato. A proposito dei segreti di Medjugorje non si pronuncia. Ma ci tiene a segnalare un avvenimento (tragico) che non rientra nei «dieci segreti» (ancora da svelare) e che pure è stato chiaramente profetizzato dalla Madonna di Medjugorje: la guerra in Jugoslavia (anche lui!) e, in particolare, il suo terribile epicentro in Bosnia, proprio dov'è Medjugorje. «Mi sono chiesto molte volte» confida, scegliendo lento le parole «se questa profezia avveratasi, davvero impressionante e obiettivamente incontestabile, non sia un segno (uno dei tanti) che la Madonna ha voluto darci perché ci convertiamo e ascoltiamo i suoi messaggi prim'ancora di vedere svelati i segreti e, quando sarà venuto quel momento, perché crediamo agli avvertimenti che ci saranno dati».

---

[2] Riportato in *Medjugorje. Cosa dice la Chiesa*, Ed. Shalom, p. 39.

In effetti è il primo messaggio e il primo avvertimento che viene dato a Medjugorje e risale alle origini, proprio al secondo giorno, il 26 giugno 1981, quando – dopo l'apparizione sul Podbrdo a tutti i ragazzi – scendendo da sola per una stradina del colle, nel punto chiamato Lokvetina (Pozzanghera), Marija Pavlovic si ritrova di nuovo davanti la Vergine, ma questa volta con il volto inondato di lacrime e, dietro di lei, una grande croce scura. La Madonna ripete angosciata: «Pace, Pace, Pace! Soltanto Pace! Riconciliatevi con Dio e tra di voi!».

Marija resta sconvolta, come abbiamo raccontato, da questa scena: «Ero sotto choc e dovevo trasmettere questo messaggio al più presto, perché la Madonna non piangesse più». Ma qual era il suo significato? Col senno di poi si può intuire perché quell'urgenza. Marija dice oggi: «Quando la Madonna ha subito cominciato a raccomandarci "Pace, pace pace!", abbiamo detto: ma è un messaggio assurdo. Non c'è nessun bisogno di questo, non c'è nessuna guerra. La Madonna è venuta a noi con il nome di Regina della Pace e noi abbiamo pensato: ma che c'entra la Pace? Sarebbe più pertinente, semmai, la liberazione visto che siamo sotto il comunismo. Ma poi abbiamo capito che era venuta a portare la pace vera, abbiamo cominciato a capire qual era quella pace. La Madonna ha spiegato pure che solo con la preghiera e il digiuno si allontanano anche le guerre, e ha aggiunto: quello che ho cominciato a Fatima lo compio a Medjugorje»[3].

Nessuno, in quell'estate del 1981, immaginò che questo accorato invito alla riconciliazione e alla pace (giacché si presentò addirittura col titolo di «Regina della Pace») si potesse riferire anche a un pericolo concreto e imminente che gravava proprio sul popolo e la terra che la Madonna era venuta a visitare. Si pensava – e giustamente – a un'esortazione generale, che vale per tutta l'umanità. Ma il 26 giugno del

---

[3] Intervista di Giancarlo Giojelli per *Excalibur* (citata).

1981 nessuno poteva immaginare che la Madonna potesse chiedere di scongiurare una guerra, una carneficina orrenda, proprio in Jugoslavia e in particolare in Bosnia.

Che invece quell'avvertimento aveva un preciso significato profetico fu chiaro il 26 giugno 1991: esattamente dieci anni dopo, proprio lo stesso giorno. Perché proprio nel decennale esatto di quell'apparizione e di quell'appello alla pace scoppiò la guerra che sconvolse e insanguinò la Jugoslavia e in modo particolarmente crudele la Bosnia[4]. Si è trattato, peraltro, di una guerra particolarmente inquietante anche sul piano simbolico, perché è stata la prima guerra scoppiata sul suolo europeo dalla fine della Seconda Guerra mondiale e perché è l'unico caso in cui la dissoluzione di un regime comunista è avvenuta nel sangue (pallido segno di ciò che sarebbe potuto accadere in tutto l'Est europeo e nel mondo). Non solo. Con la sua contrapposizione etnico-religiosa è anche la tragedia che per la prima volta prefigura la «guerra» planetaria del Duemila, ovvero lo «scontro di civiltà» con il mondo islamico.

È dunque un evento dai molti significati. Ed è – come si diceva – una profezia realizzata, perfino in una forma totalmente esplicita come fu fatta dalla Madonna a Mirjana nel 1982[5]. In un certo senso la concretezza e la precisione del

---

[4] È mercoledì 26 giugno 1991 che Croazia e Slovenia si proclamano indipendenti e subito la reazione di Belgrado è durissima. Già il giorno dopo, il 27 giugno, si muove l'esercito e si verificano i primi scontri e i primi morti di una lunghissima serie.

[5] Padre Slavko Barbaric scrive nel 1998: «Poco tempo fa ho parlato con Mirjana che mi ha detto che nel 1982 un francescano francese le aveva chiesto di trasmettere a Nostra Signora la seguente domanda: "La Croazia sarà mai libera?". Oggi lei ammette che al tempo aveva scarso interesse per queste questioni politiche e che quindi faceva fatica a capire il significato di quella domanda... Quindi, quando pose la domanda a Nostra Signora, la risposta che ricevette fu: "La Croazia, e anche la Bosnia, saranno libere, ma prima ci sarà una piccola guerra". Il sacerdote che aveva fatto quella richiesta a Mirjana ha conservato fino ad oggi le prove di quella conversazione. Mirjana però ha precisato che nulla di tutto ciò fa parte in alcun modo dei segreti. Questa è un'ulteriore conferma che Dio ci conosce, conosce le nostre storie, conosce la storia della Chiesa e di tutto il mondo e che non tace» (BARBARIC, *op. cit.*, p. 12).

pericolo da cui la Madonna mise in guardia il popolo jugoslavo, dà concretezza e drammatica imminenza anche al «rischio» che graverebbe su tutta l'umanità, come dice l'insieme dei messaggi della Vergine. È dunque importantissimo capire come e perché si è realizzata questa profezia sulla ex Jugoslavia. Si potrebbe infatti desumere – da questo groviglio di fatti drammatici – che tutto è comunque predestinato e dunque inutili sono gli avvertimenti della Madonna, dal momento che le tragedie annunciate si verificheranno in ogni caso. Invece i fatti jugoslavi contengono molti segni sorprendenti che fanno riflettere, che danno speranza, e che spiegano questa lunga permanenza della Madonna a Medjugorje.

Il primo indizio – per capire – lo fornisce proprio Marija Pavlovic, la veggente che visse quel drammatico incontro. In una intervista a «L'Informateur de Montréal» del 7 ottobre 1992 dichiarò: «Con la sua presenza qui, la Vergine ci vuole aiutare a cambiare il nostro male in bene. Per questo Lei ci chiama a vivere i messaggi che ci ha dato. Si è presentata a noi come la Regina della Pace e ci invita a chiedere la pace che viene da Dio. Prima di tutto la pace deve discendere nei nostri cuori dal contatto con Dio. Una volta stabilita in noi, questa pace può spandersi nelle nostre famiglie. E dopo (...) noi possiamo pregare per la pace nel mondo. *Qui noi facciamo l'esperienza della guerra. Questo ci ha insegnato un po' di più il senso del messaggio. La Vergine ci aveva preparati a questa situazione. Sfortunatamente, noi non abbiamo risposto sufficientemente alle sue domande. Questa guerra è la croce del nostro popolo.* Vedete le sofferenze dei giovani che muoiono o sono mutilati delle braccia o delle gambe. Tuttavia, molte persone rinascono spiritualmente e si riavvicinano a Dio. Attraverso la sofferenza, noi siamo colmati di grazie (...). La Vergine afferma che con la preghiera e col digiuno noi possiamo vincere la guerra».

Lo stesso giornale intervistò anche Vicka che dichiarò: «Io credo che Satana sarà vinto se noi accettiamo i messaggi della

Madonna, se ci convertiamo e viviamo come Nostra Signora ci insegna. Allora avremo il periodo di pace (il lungo periodo di pace è la promessa della Madonna di Medjugorje, *NdA*). Ciò dipende da noi. Se non cambiamo, ciò non accadrà».

L'intervistatore dunque domandò: «Questo regno della pace non è dunque puramente simbolico?». E Vicka: «Evidentemente è per questa terra».

Ma c'è un'altra voce, molto autorevole, che mette in relazione la guerra in Jugoslavia con la sordità al messaggio di Medjugorje e aggiunge «dettagli» molto rivelatori e drammatici. Si tratta di monsignor Frane Franic, vescovo di Spalato, uomo di grande fede e autorevolezza nella Chiesa, pastore che, fin dall'inizio, si è recato a Medjugorje e vi ha riconosciuto la mano di Dio. Il 7 agosto 1993, ormai ritiratosi in pensione, da vescovo emerito rilascia un'intervista impressionante alla rivista austriaca «Gebetsaktion Marie Reine de la Paix» (n. 30). Una confessione-memoriale che chiama a fare con lui *mea culpa* i suoi stessi confratelli e che vale davvero la pena leggere per intero:

«Noi, Croati di Croazia e di Bosnia-Erzegovina, non abbiamo accolto sufficientemente l'avvertimento di Nostra Signora di Medjugorje. Abbiamo perfino sentito dire: "Medjugorje è la più grande menzogna della storia della Chiesa". Il vescovo Zanic di Mostar (sotto la cui giurisdizione ricade Medjugorje, *NdA*), vi fu oppositore senza tregua.
In sostanza i vescovi lo hanno seguito, tollerando Medjugorje come luogo di preghiera. Nell'ultima dichiarazione del 25 maggio 1991, un mese prima della guerra, essi hanno dichiarato la loro intenzione di aiutare i pellegrini del mondo intero... E tuttavia hanno ripetuto che, fino a quel momento, essi non avevano trovato nulla di sovrannaturale, e che la Commissione doveva continuare le sue ricerche. Io non so cosa si aspettasse ancora la Commissione, dopo tanti miracoli esaminati da scienziati, e tante conversioni nel mondo intero. Tutto ciò non è stato sufficiente a noi vescovi[6]. Se essi avessero incoraggiato il popo-

---

[6] Proprio in quegli stessi giorni in cui i vescovi jugoslavi, in parte, chiudevano la porta a Medjugorje, la Madonna dava questo messaggio: «Ci sono molti che non vogliono capire i miei messaggi ed accettare con serietà quello che io dico, ma per

lo: "In piedi, andiamo a Medjugorje!", forse la gente vi sarebbe andata in misura ancora maggiore, essi avrebbero ascoltato le parole della Vergine. Il movimento di conversione si sarebbe amplificato. Ma fino a questo giorno essi non hanno riconosciuto la voce della Madre di Dio che ci propone la pace, e dice che Ella stessa, con le nostre preghiere, combatterà per la pace.
Quando il primo accordo fra Musulmani e Croati a Medjugorje fu firmato, io pensai che fosse stato un miracolo della Regina della Pace, ma l'accordo è rimasto senza seguito. Purtuttavia, Medjugorje non è finito, il messaggio continua. Soltanto noi, Croati, non l'abbiamo sufficientemente seguito; i vescovi ostacolano, e nessuno ha mai detto: "Andiamo, è la voce della Madre di Dio".
E tuttavia il Papa, nel corso di una udienza, ha detto ai vescovi di rivolgersi alla Regina della Pace. Essi hanno annuito, ma si sono indirizzati a un luogo vicino a Zagabria, dedicato alla Regina della Pace. All'appello di Medjugorje essi hanno preferito un altro dei nostri santuari. Gesù non può essere contento quando sua Madre viene tra noi e nessun vescovo la riconosce, mentre per dodici anni si compiono dei miracoli ed essi dicono: Non vi è nulla!».

A questo punto l'intervistatore chiede: «Monsignor Peric, attuale vescovo di Mostar, ha dichiarato: "Per me il voto di 20 vescovi ha più valore di tutte le testimonianze e l'entusiasmo di 20 milioni di fedeli"». La risposta di monsignor Franic è questa:

«Per me è il contrario, genti del mondo intero e perfino il Papa, sono per Medjugorje. Io credo che non sia bene opporsi così al popolo. Il "discernimento dei fedeli", quello esiste, anche secondo la stessa teologia».

Infine l'intervistatore fa una domanda – per così dire – personale: «Il vostro paese è distrutto dalla guerra. Ma la sua città arcivescovile di Spalato non ne ha sofferto. Pensate che ciò costituisca una risposta del Cielo alla sua fede in Medjugorje?».

questo invito voi, e prego affinché con la vostra vita e nella vita quotidiana, testimoniate la mia presenza». È il messaggio alla parrocchia dato il 25 giugno 1991, nel decennale esatto della prima apparizione che fu la vigilia dello scoppio della guerra.

La risposta del vescovo emerito di Spalato è sobria e umile:

> «Io mi sento uomo debole e debole testimone. La maggioranza dei preti della mia diocesi non mi ha seguito, è stato solo il popolo (croato, della mia diocesi) che ha largamente accolto Medjugorje. Se in questa città si è peccato meno che in altre, lo conosceremo in Cielo. Per me è un miracolo che questa città sia stata risparmiata, almeno fino ad ora. Ogni dono viene da Dio, ed anche questo».

Il punto però è che l'arcivescovo aveva accoratamente chiesto ai suoi fedeli di pregare con più ardore e di offrire con tutto il cuore digiuni e sacrifici, secondo ciò che la Vergine aveva domandato a Medjugorje. Spalato è stata incredibilmente risparmiata. E un particolare che ha turbato e ha fatto molto riflettere è il «contrasto sorprendente», come lo chiama padre Laurentin[7], con la sorte di Mostar, sede del vescovo titolare di Medjugorje che si è opposto strenuamente alle apparizioni. In molti infatti hanno notato[8] che – contrariamente a Spalato – questa città è stata devastata dalla guerra e soprattutto è stato distrutto l'arcivescovado e «una biblioteca di 30 mila libri e gli archivi, tra cui le inchieste su Medjugorje»[9]. Il vescovo di Mostar dichiarò: «Di fronte a quelle fiamme che tutto divoravano, io vidi Satana all'opera»[10].

Aveva senz'altro ragione, perché è Satana a fomentare guerra e distruzione. Ma la tragedia bellica ha fatto riflettere molti sugli appelli della Madonna di Medjugorje a «fermare» Satana e sull'accoglienza che hanno avuto i messaggi fra i cristiani e anche fra alcune autorità ecclesiastiche.

Stefano Kutjesa, in una lettera aperta proprio al vescovo di Mostar uscita sul periodico croato «Nasa Ognisjista», ha espresso il turbamento e la sofferenza di molti fedeli di fron-

---

[7] L1, p. 42. In queste stesse pagine è riprodotta integralmente l'intervista di monsignor Franic.
[8] Cfr. LF1, pp. 11 e 139.
[9] L2, p. 31.
[10] *Ibid*.

te all'ostilità contro Medjugorje: «Come possiamo ignorare ciò che il Santo Padre ha detto in udienza a padre Jozo Zovko: "Salvate Medjugorje!", e le parole favorevoli che lui stesso ha ripetuto tante volte a tanti vescovi, in udienza personale o in gruppo? Non rappresenta un richiamo sufficiente per noi tutti il fatto di questa guerra, per la quale, ahimè, il vescovo di Mostar è rimasto senza vescovado e senza cattedrale? La Regina della Pace ci ha atteso per dieci anni, e nonostante ciò disprezziamo ancora il suo messaggio»[11].

Il 25 ottobre 1993 la Madonna ha esplicitamente detto: «Cari figli, voi parlate, ma non vivete: è per questo, figlioli, che questa guerra dura così a lungo. Vi invito ad aprirvi a Dio e a vivere con Dio nel vostro cuore, praticando il bene e testimoniando i miei messaggi. Io vi amo e desidero proteggervi da ogni male».

D'altra parte è stupefacente la «protezione» di cui ha goduto Medjugorje negli anni tremendi della guerra. Pur trovandosi al centro del cataclisma, a metà strada fra due città devastate dalle bombe come Mostar e Dubrovnik, e vicinissimo a villaggi come Citluk, Ljubuski e Grude, che furono duramente colpiti, in anni di guerra nulla è stato fatto al villaggio della Vergine. Eppure era stato ben messo nel mirino, era un obiettivo ambizioso proprio per la sua fama mondiale di santuario cattolico (che, negli anni della guerra, era sinonimo di «croato»). Nel maggio 1992 i bombardieri che colpirono il capoluogo, Citluk, erano destinati anche a Medjugorje che dista, in linea d'aria, circa 3 chilometri: un nonnulla. Ma il pilota, poi abbattuto e catturato, riferì: «Io non ho potuto bombardare la chiesa di Medjugorje. Quan-

---

[11] Citato per intero in L1, p. 43. Ancor più severa, prim'ancora della guerra, la lettera che al vescovo di Mostar indirizzò, a proposito di Medjugorje, uno dei più grandi teologi del XX secolo, il futuro cardinale Hans Urs von Balthasar. Va anche aggiunto che la Madonna ha sempre detto ai veggenti che bisogna pregare e digiunare – oltreché per il Papa – anche per il vescovo e per tutti i pastori della Chiesa che devono portare responsabilità e pesi gravi e hanno bisogno del nostro aiuto.

do ero in avvicinamento, non ho più visto nulla: una sorta di nebbia la nascondeva alla mia vista».

Cosa si deve concludere da questi avvenimenti[12]? Viene da pensare che in effetti gli uomini sono liberi e la loro risposta ai messaggi e agli appelli della Vergine Maria è decisiva, preziosa, e può davvero allontanare il male, perfino le guerre. In certi casi può addirittura cambiare le profezie. Come dimostra la differenza fra la «visione» del «terzo segreto» di Fatima (il «vescovo vestito di bianco» che viene «ucciso») e ciò che veramente accadde il 13 maggio 1981 in piazza San Pietro, quando il Papa fu ferito e sfiorò la morte, ma non morì.

«Che qui una "mano materna" abbia deviato la pallottola mortale», ha spiegato il cardinale Ratzinger nel suo commento teologico al messaggio di Fatima «mostra solo ancora una volta che non esiste un destino immutabile, che fede e preghiera sono potenze, che possono influire nella storia e che alla fine la preghiera è più forte dei proiettili, la fede più potente delle divisioni».

Questo vale anche per altri avvertimenti che la Madonna ha dato a Medjugorje. Per esempio, il 25 giugno 1993, dopo la sua apparizione annuale, Ivanka confidò: «La Vergine mi ha fatto vedere delle cose orribili che accadranno presto. Lei ci chiede di abbandonarci a Suo Figlio con la preghiera». In seguito ad alcune drammatizzazioni inconsulte, il giorno dopo Ivanka precisò: «La Vergine mi ha mostrato degli avvenimenti terribili, indescrivibili. Ciò che io ho visto non riguarda i segreti. Queste cose sono imminenti e riguardano il mon-

---

[12] La posizione della Chiesa è ferma per il momento alla *Dichiarazione di Zara* (10 aprile 1991) firmata dalla Conferenza episcopale jugoslava. Si tratta di una posizione di attesa (anche perché le apparizioni sono tuttora in corso). Oggi quella Conferenza episcopale non esiste più, non esistendo più la Jugoslavia. Medjugorje è riconosciuto di fatto come Santuario mariano, ma le apparizioni ufficialmente non sono né riconosciute, né sconfessate. Naturalmente si può dedurre da questo silenzio della Chiesa che tutto sia in regola perché, in caso di deviazioni o errori la Chiesa interverrebbe ufficialmente (una raccolta agile di tutti i documenti utili in *Medjugorje. Cosa dice la Chiesa*, edizioni Shalom).

do in generale. È come un nuovo avvertimento, poiché questi gravi eventi possono ancora essere cambiati col digiuno e con la preghiera. La conversione e l'abbandono a Gesù sono più che mai necessari. Non rimanete ciechi, voi siete troppo incoscienti: convertitevi. Dio desidera che noi perseveriamo in questo cammino»[13].

Da successivi chiarimenti si apprese che Ivanka, nel 1993, avrebbe visto dei Neri travolti da un mare di sangue[14] e questo ha indotto alcuni a ritenere che si trattasse del genocidio del Rwanda perpetrato proprio pochi mesi dopo quell'apparizione, nel 1994 e 1995. Ma sono supposizioni fatte successivamente. Non si sa con certezza se quegli eventi terribili «visti» da Ivanka si sono verificati (e sono quelli dei nostri anni), se devono ancora verificarsi o se, come chiedeva la Madonna, sono stati scongiurati dalla preghiera e dalla penitenza di tanti. Padre Livio Fanzaga osserva – con saggezza cristiana – che solo in Cielo conosceremo tutte le tragedie e le sofferenze che sono state allontanate ed evitate per i tanti atti d'amore di chi «si abbandona a Gesù».

Ma tutto questo (cioè l'evitabilità) vale anche per i segreti di Medjugorje che sono di un tipo molto diverso rispetto alla «visione» del terzo segreto di Fatima? No e sì, a quanto par di capire.

---

[13] L1, pp. 18-19.
[14] L3, p. 24.

Capitolo 3
I dieci segreti

Le lettera al Santo Padre – come si è visto – dice: «Il nono e il decimo segreto sono gravi. Sono un castigo per i peccati del mondo. La punizione è inevitabile, perché non bisogna aspettarsi la conversione del mondo intero. Il castigo può essere diminuito dalle preghiere e dalla penitenza, ma non può essere evitato. Un male che minacciava il mondo, secondo il settimo segreto, è stato cancellato grazie alla preghiera e ai digiuni, dice Mirjana. Per questo, la Vergine continua a invitare alla preghiera e al digiuno: "Avete dimenticato che con la preghiera e il digiuno, potete allontanare la guerra, sospendere le leggi naturali"».

Rispetto ai tempi in cui fu scritta questa lettera c'è solo da aggiungere che, nel frattempo, Mirjana ha scelto il sacerdote di sua fiducia che materialmente con lei renderà pubblici i segreti: si tratta di frate Petar Ljubicic che ha vissuto per un periodo alla parrocchia di Medjugorje, ma oggi sta in Germania. In una intervista questo francescano, molto mite, di grande spiritualità, ha messo in luce aspetti da indagare: «Mi sono meravigliato che Mirjana abbia scelto me, che sono in servizio lontano da Medjugorje, ma lei mi ha assicurato che, quando i tempi saranno maturi, Dio provvederà a tutto. *La Madonna ha consegnato a Mirjana una sorta di "pergamena"* sulla quale sono impresse le date dei segreti. Dieci giorni avanti il primo segreto Mirjana mi consegnerà quella "pergamena" e io potrò leggervi il contenuto del primo segreto, ma non degli altri. Dieci giorni dopo, al momento della rivelazione del segreto, le dovrò restituire la "pergamena". Tre giorni prima che si avveri il segreto, se lo riterrò opportuno, potrò rivelarlo al mondo. I primi due segreti sono degli ammonimenti e la dimostrazione che la Madonna era presente qui a Medjugorje. Il terzo segreto è il segno concreto, permanente, mostrato in visione a tutti i veggenti. Non si sa quanti segreti siano uguali per tutti. Anche il segno permanente verrà annunciato tre giorni prima che appaia. Tutti ci dobbiamo preparare con la preghiera e il digiuno. Coloro che faranno così, non devono temere nulla. Io non so se e quali catastrofi minaccino il mondo. So una cosa sola: non succederà nulla che Dio non sappia o non permetta»[1].

In questa intervista, anteriore al 2000, sono contenuti due particolari che mi hanno incuriosito e che richiedono chiarimenti. Il primo riguarda la discrezionalità dell'annuncio al mondo degli eventi contenuti nei segreti («se lo riterrò opportuno, potrò rivelarlo»). Il secondo concerne il mistero della «pergamena».

Sul primo problema – che non è affatto marginale, trattandosi di trasmettere al mondo avvertimenti drammatici e vitali – si può ipotizzare che vi sia stato qualche dubbio non sul rendere pubblici i primi tre segreti, che sono gli ammonimenti e il grande segno sulla collina, ma su quelli che annunciano terribili tragedie. Forse c'è il timore di scatenare un panico incontrollabile, come si evince da alcune parole dette da Mirjana a Svetozar Kraljevic: «Gli uomini devono prepararsi spiritualmente per non lasciarsi prendere dal panico e riconciliarsi con Dio»[2].

Il problema sembra toccare in particolare i «non credenti» (vedremo nel capitolo successivo se questo significa qual-

[1] In MVZ, pp. 176-177.
[2] Cit. in L1, p. 116.

cosa di particolare), perché poco prima Mirjana dice: «Quando ho parlato alla Madonna dei non credenti, Lei ha detto: "Voi dovete pregare per loro". Ma quando recentemente ho rinnovato la domanda, Lei ha detto: "Che essi si convertano finché c'è tempo"».

La stessa Mirjana ha spiegato a Riccardo Caniato e Vincenzo Sansonetti che «quando verrà il tempo dovrò confidarli (i segreti, *NdA*) uno per uno a questo sacerdote (padre Petar, *NdA*) e con lui pregare ancor di più e digiunare, per poi valutare insieme se sia il caso o meno di rivelarne i contenuti alla Chiesa e al mondo prima che si verifichino»[3].

Dunque, anche Mirjana sembra ipotizzare che i segreti non vengano pubblicizzati. Ma il libro contenente questa intervista è uscito nell'agosto 2001, quindi la conversazione risale ad alcuni mesi prima. È importante la cronologia, perché forse in quel periodo c'è stata una precisazione, o una decisione molto importante per tutti noi.

Infatti nella lunga e dettagliata intervista che Mirjana ha rilasciato l'8 agosto 2001, quindi successivamente, a padre Livio Fanzaga (intervista trasmessa da Radio Maria e poi pubblicata in volume[4]), ha dichiarato: «Devo dire (a padre Petar, *NdA*) che cosa succederà e dove, dieci giorni prima che accada. Dobbiamo trascorrere sette giorni nel digiuno e nella preghiera e tre giorni prima egli dovrà dirlo a tutti e non potrà scegliere se dire o non dire. Egli ha accettato che dirà tutto a tutti tre giorni prima, così si vedrà che è una cosa del Signore». Padre Livio Fanzaga le chiede di essere ancora più precisa e spiegare se, ad esempio, lui potrà diffondere il testo dei segreti dalla radio che dirige: «Sui segreti» gli risponde Mirjana «potrai informare tutti gli ascoltatori di Radio Maria. Non ci sono problemi per questo».

---

[3] CS, p. 443.
[4] Mi. Le parole citate sono a p. 90.

Ho raggiunto padre Petar in Germania chiedendogli un'ulteriore precisazione da parte sua e lui ha confermato queste ultime parole di Mirjana: «Io non conosco ancora i segreti, ma quando mi verranno comunicati io devo renderli pubblici»[5] (sottolineando quel «devo»). Non è dato sapere se vi sia stata una decisione in questo senso maturata col tempo o solo una formulazione più precisa del loro pensiero, quello che però se ne può concludere è che – come dice padre Livio – «svelare tre giorni prima il contenuto dei segreti più tragici dà insperate possibilità di salvezza» ed è dunque un grande atto di Misericordia della Regina della Pace.

L'altro piccolo «giallo» concerne quella sorta di «pergamena», a cui accenna padre Petar, che sarebbe stata consegnata dalla Madonna a Mirjana con impresse sopra le date dei segreti. Sono molte le voci che circolano a Medjugorje su tale «pergamena» che sarebbe stata consegnata direttamente dalla Madonna a Mirjana. Si dice per esempio che sia stata fatta analizzare da un laboratorio di Zagabria che non avrebbe potuto accertare di quale materiale conosciuto sia fatta. Si dice pure che chiunque la guardi non vi legge le date dei segreti come Mirjana. Il terribile assedio di Sarajevo sorprese Mirjana fuori dalla Jugoslavia e quindi lontano da casa dove la pergamena rimase, in quel cupo periodo, custodita dai genitori. Sembra che questo «documento» sia stato poi riconsegnato a Mirjana da un ignaro soldato.

Padre Laurentin, incontrando Mirjana il 14 marzo 1993, le ha chiesto: «L'ultima volta in cui ti ho incontrata, tu mi avevi parlato di quel famoso scritto che ti era stato affidato dalla Vergine e sul quale sono riportati i 10 segreti, che tu sola puoi vedere (particolare che m'ha lasciato perplesso). Questo documento era allora rimasto a casa dei tuoi genitori a Sarajevo. È tuttora là?». Risposta di Mirjana: «Ora ce l'ho io. Poco dopo averlo ricevuto, io l'avevo mostrato a due

---

[5] Colloquio con l'autore avvenuto il 7 gennaio, alle ore 11,15.

persone. Loro l'hanno guardato, ma senza poterci leggere la stessa cosa: senza potervi leggere i segreti come me»[6].

Come si evince da questo botta e risposta il celebre mariologo francese, che – per la sua lunga indagine su Medjugorje – è assolutamente convinto delle apparizioni e ha scritto molti volumi (anche sui miracoli accertati), ed è anche stato assai severo sull'atteggiamento oppositore della Curia di Mostar, non è affatto un credulone acritico. Sottopone ogni particolare a severa analisi. Per esempio, chiede chiarimenti a Mirjana su ciò che si dice della «pergamena», mostrandosi dubbioso. Ma lei conferma.

Io non ho elementi documentari per prendere posizione in merito: non ho visto la «pergamena», né eventuali referti di laboratori e quindi non ho potuto maturare un'opinione fondata su dati oggettivi. Ho esposto le informazioni in mio possesso e tanto basta. Osservo solo che Mirjana – come sa chiunque l'abbia incontrata o abbia letto le interviste da lei rilasciate nel corso degli anni o conosca la sua vita – è una persona estremamente sobria, razionale e rigorosa. Si percepisce in sottofondo la sua formazione tecnico-scientifica (ha conseguito la laurea in agraria). Non indulge mai al meraviglioso, non aggiunge mai una sillaba a quello che le viene chiesto sulle parole della Madonna; se viene interpellata personalmente sottolinea sempre e ripetutamente che sta dando sue opinioni e non sono le parole della Madonna. Perfino quando si accenna a cose dette dalla Vergine agli altri veggenti lei onestamente precisa che sono espressioni consegnate agli altri ragazzi e che lei non ha sentito. Porta infine con molta serietà e consapevolezza la grave responsabilità affidatale dalla Madonna. Tutto questo m'induce a ritenere che è molto difficile che abbia dato quella risposta a padre Laurentin con spensierata leggerezza (anche perché non avrebbe avuto alcun bisogno di «inventare» la storia della perga-

---

[6] L2, p. 111.

mena ricevuta direttamente dalla Madonna: specialmente se può essere facilmente smentita sarebbe stata una «balla» inutile e controproducente). In ogni caso ho chiesto a padre Petar di spiegarci in che senso lui ha detto che «la Madonna ha consegnato a Mirjana una sorta di "pergamena"». Ecco la sua risposta: «Quel "foglio" non viene da questo mondo, ma dalla Madonna. Le è stato dato dalla Madonna»[7].

Resta dunque intatto il mistero della pergamena. Ma veniamo adesso ai tempi dei segreti. Quando dovrebbero accadere gli eventi in questione? Da tutte le dichiarazioni dei veggenti si evince che è la nostra generazione che vedrà e vivrà quei fatti (i sei veggenti sono sui 35-40 anni). Il tempo dei segreti dovrebbe coincidere con la fine delle apparizioni quotidiane per tutti i sei ragazzi. Per Mirjana, Ivanka e Jakov tali apparizioni quotidiane sono già terminate con la consegna del decimo segreto (a loro la Madonna continua ad apparire una volta all'anno in una data prestabilita). Marija, Vicka e Ivan vedono ancora la Madonna ogni giorno, ma hanno già ricevuto nove segreti. Ciò significa che i tempi potrebbero essere ormai maturi?

Difficile dirlo. Si può notare però che ripetutamente la Madonna ha raccomandato di convertirsi subito e non aspettare il «segno» sulla montagna perché allora sarà già troppo tardi. Rileggiamo attentamente alcune sue parole. «Cari figli, vi invito a riflettere sul vostro futuro. Voi state creando un nuovo mondo senza Dio solamente con le vostre forze; ed è per questo che non siete contenti e non avete la gioia nel cuore. Questo tempo è il mio tempo: perciò figlioli, vi invito di nuovo a pregare» (25.1.1997). Già il secondo giorno delle apparizioni il suo allarme era esplicito: «Cari figli, sia pace tra l'uomo e Dio e tra gli uomini. Cari figli, l'umanità si trova in un grande pericolo, c'è il pericolo che vi distruggiate con le vostre mani».

---

[7] Colloquio citato.

Molto importante anche quello che ha aggiunto in seguito: «Io, come vostra Madre, vi amo e perciò vi ammonisco. Qui ci sono dei segreti, figli miei. Non si sa di che si tratta; ma quando lo si verrà a sapere, sarà tardi. Ritornate alla preghiera. Nulla è più importante di essa. *Vorrei che il Signore mi permettesse di chiarirvi almeno in parte i segreti*; ma sono già troppe le grazie che vi offre. Pensate a quanto voi offrite a Lui» (28.1.1987).

Parole che lasciano comprendere come dalla risposta che la Madonna ha ricevuto e riceve in questi anni dipendano anche altre grazie possibili che non sono state date. Pure in relazione ai segreti. È chiaro che stiamo parlando di cose inaudite. Il contesto storico di simili eventi non è – per così dire – normale. È invece assolutamente eccezionale. Possiamo dire che siamo davanti a una grande novità, anche per la storia cristiana: però con l'eccezione di Fatima che, non a caso, apre quest'epoca straordinaria (mentre Medjugorje la conclude). Che la Madonna possa apparire per decenni, ogni giorno, pubblicamente, che moltiplichi i segni della sua presenza e i miracoli, che lanci accorati allarmi, continui appelli alla conversione e offra all'umanità perfino esatti preannunci per salvarsi dalle tragedie e dalle guerre in cui l'umanità rischia di annichilirsi, sembra troppo perfino per dei buoni cattolici.

È chiaro che – per capire – bisogna riconoscere di vivere in tempi eccezionali e accettare la possibilità di una grazia straordinaria concessa da Dio per salvare il mondo. Monsignor Franic, tempo fa, presentando a Spalato una monografia fotografica su Medjugorje, ha affermato: «Le apparizioni della Vergine devono essere considerate come un nuovo intervento di Dio nella storia degli uomini, che potrà essere compreso solo con il tempo».

Il loro contesto – per così dire – «apocalittico» (nel senso etimologico), che è poi lo stesso contesto di Fatima e di Lourdes (se si considera l'evento dei Pirenei una preparazione a questo secolo buio), sembra essere quello dell'agghiacciante «visione» di Leone XIII e della Emmerich. Confermato apertamente da Mirjana: «La Vergine mi ha detto che il Diavolo ha sfidato Dio». Il contenuto di questa sfida infernale – che manifesta tutto l'immane disprezzo che Satana ha per le umane creature di carne, da cui invece Dio chiede di essere amato, per poterle così divinizzare – può essere espresso con parole simili a quelle che Satana nella Sacra Scrittura pronuncia per sfidare Dio a proposito di Giobbe[8]. L'amore dell'uomo per Dio è davvero inconsistente?

I fatti sembrerebbero dar ragione a Satana. Così «Dio ha concesso al Diavolo un secolo per esercitare ed estendere il suo potere sul mondo ed ha scelto il XX secolo»[9]. Ma non poteva permettere questa tremenda prova senza dare un aiuto speciale, ancor più straordinario, donando una così lunga permanenza sulla terra di Colei che schiaccia la testa del serpente[10]. Questo sarebbe lo scenario escatologico in cui si colloca Medjugorje.

È chiaro che la svolta del secolo e del millennio possa dunque rappresentare lo scontro finale di questa battaglia dai contorni apocalittici. Ecco perché il primo messaggio dato dalla Vergine all'alba del nuovo millennio è stato: «Satana è libero dalle catene» (1.1.2001). E nove mesi dopo, nel mese che aveva visto consumarsi l'attentato delle Torri gemelle di New York: «Satana vuole la guerra e l'odio» (25.9.2001). Mi rendo conto che lo scenario che sto qui ricostruendo lascia – a prima vista – perplessi. Infatti sconcerta anche me. È pur vero che viviamo tempi di scontro di civiltà, di grandi cataclismi e rivolgimenti, ma è difficile – sprofondati nella vita quotidiana sazia e tranquilla che ci garan-

---

[8] *Giobbe* 1, 7-12.
[9] L1, p. 116.
[10] «E qual è la tua salvezza, o Signore, se non ottenere da te di amarti, ed essere da te amati?... non potevamo essere ciò per cui ci hai creati se non amandoti» (Guglielmo di Saint-Thierry).

tisce l'Occidente in cui prosperiamo – riconoscere i segni apocalittici nel normale tran tran di queste nostre giornate. Come se non fosse apocalittico tutto ciò che abbiamo vissuto e che si è perpetrato nel XX secolo (orrori mai visti in tutta la storia umana) e poi la fulminea, indolore, sparizione di certi mostri totalitari. E come se non fosse apocalittica la china imboccata all'inizio di questo secolo XXI. Gli stessi cristiani non sono più abituati a leggere i segni dei tempi con una loro teologia della storia che colga le tracce dell'opera di Dio e anche la mano di Satana negli eventi del mondo[11].

Già fece scalpore Paolo VI quando osò parlare del «fumo di Satana» che era entrato nel tempio di Dio. Sembra un tabù, anche per i teologi. Oggi l'unico, forse, che instancabilmente e inascoltato ha indicato la natura «apocalittica» del nostro tempo è stato Giovanni Paolo II. È lui che nel suo lungo pontificato ha sempre avuto lo sguardo all'orizzonte lontano degli eventi, giganteggiando su classi dirigenti mediocri, spesso incapaci di andare al di là del loro ombelico, oltre gli immediati interessi nazionali o di fazione, i calcoli meschini o i pregiudizi ideologici. Classi dirigenti perlopiù cieche di fronte al vuoto di senso e di fede che minaccia le loro società e sorde di fronte alle minacce per la dignità e il futuro dell'uomo che si moltiplicano nel mondo.

Nel suo atto di consacrazione del nuovo millennio alla Vergine, nel 2000, il Papa esortò infatti ad aprire gli occhi sul tremendo bivio che la storia umana si trova davanti: «L'umanità ha davanti a sé due possibilità: trasformare la terra in un giardino o in un cumulo di rovine». Mirjana, solitamente sempre attenta a evitare ogni catastrofismo e ogni eccessivo allarmismo, ha commentato così le parole del

---

[11] Il grande teologo Romano Guardini è stato docente di «Katholische Weltanschauung» (Visione cattolica del mondo) a Berlino fino al 1939 quando fu costretto a lasciare l'insegnamento. Nella Germania nazista non c'era posto per una Weltanschauung diversa da quella di Hitler e addirittura opposta alla sua. È un episodio emblematico di come sia stata cancellata la teologia della storia cattolica.

Papa: «Quello che ha detto il Santo Padre è veramente giusto ed è la risposta al perché la Madonna è rimasta qui con noi già da vent'anni. La Madonna ci indica la via che dobbiamo scegliere se vogliamo vivere. Ma io sono ottimista perché la Madonna non solo è qui con noi da vent'anni, ma lei riuscirà a far sì che noi non scegliamo, come dice il Santo Padre, la via sbagliata. Ma vorrei anche aggiungere che noi e il mondo intero siamo molto, molto fortunati ad avere questo Papa»[12].

Padre Livio Fanzaga avverte un pericolo: «Bisogna evitare il rischio che questa prospettiva profetica (i segreti di Medjugorje, *NdA*) venga strumentalizzata e deformata da gruppi settari, il cui scopo è di terrorizzare le menti preannunciando un futuro senza sbocchi. Nel medesimo tempo però bisogna evitare di mettere il silenziatore sulle profezie riguardanti i dieci segreti, come, per eccesso di prudenza, si tende a fare da parte di alcuni. In questo modo si mina il messaggio di Medjugorje dalle fondamenta, perché è proprio per il fatto che siamo entrati in una "grande tribolazione" che la Madonna è qui da così tanto tempo in mezzo a noi»[13].

Sembra che la Madonna stessa abbia voluto indicare questo equilibrato atteggiamento: «Bisogna annunciare al mondo la realtà, cioè la serietà degli eventi futuri. Però non bisogna togliere la speranza perché Dio ha un suo programma e ciò che realmente conta per le persone è la conversione e la vita di fede» (13.9.1983).

Ciò significa che bisogna essere consapevoli della gravità dei tempi, ma non averne terrore, perché in fin dei conti ogni giorno l'uomo si gioca l'eternità e lì deve fare la sua scommessa totale. Saggia la considerazione che fa Mirjana: «Il mondo ha di che temere? Dipende. La paura è uno stato

[12] Mi, p. 121.
[13] LF3, pp. 193-194.

d'animo solo di chi non crede, che non ha fede, e noi di questo dovremmo preoccuparci. Invece – come è umano questo – siamo curiosi sui segreti, ci chiediamo che cosa succederà, e ci dimentichiamo il segreto più importante: ci dimentichiamo di chiederci se saremo vivi domani e se la nostra anima è viva oggi, e questo vale anche per noi che qui ci intratteniamo su questi ragionamenti»[14].

Proprio per questo tutta l'aria che si respira a Medjugorje parla – in positivo – di conversione, di pace, di riconciliazione, di preghiera e di letizia. Proprio per questo a Medjugorje tornano alla vita migliaia e migliaia di «anime morte» (come dice provocatoriamente Mirjana), tornano alla luce tante vite perdute, tante esistenze allo sbando o confuse o alla deriva come barchette sole, senza meta e senza timoniere.

Non si coglie da nessuna parte, a Medjugorje, una sbavatura terrorizzante o millenarista. D'altronde alcuni dei segreti sono belli. Innanzitutto il terzo. Ho provato a legare i tanti particolari che, nel corso degli anni, sono emersi ed ecco cosa ne è venuto fuori.

Il terzo segreto (dopo i due primi avvertimenti) riguarda il segno che verrà lasciato sul luogo delle prime apparizioni, il Podbrdo, colle incredibilmente sassoso, arido e pieno di spine come il cuore della nostra generazione: sarà l'ultimo avvertimento per risvegliare la fede. Tutti i veggenti, che l'hanno visto più volte durante le apparizioni, assicurano che sarà «molto bello» e ne parlano con vivo entusiasmo. Mirjana dice: «Sarà come un dono per tutti noi perché si veda che la Madonna è presente qui come nostra mamma, sarà un segno bellissimo, un segno ben visibile, che non può essere fatto con mani umane».

Vicka ha aggiunto alcuni dettagli interessanti: sarà sulla terra, apparirà tutto a un tratto, lo potrà vedere chiunque, sarà permanente, sarà indistruttibile (l'ha precisato la Ma-

---

[14] In CS, p. 443.

donna stessa), viene lasciato «per mostrare al popolo che lei è presente qui tra noi», ma «guai a chi aspetterà il Segno per convertirsi!... molti verranno, può darsi che si inchineranno davanti al Segno, ma malgrado tutto non crederanno»[15].

Sembra che in un'apparizione la Madonna stessa l'abbia detto: «Angeli miei, anche quando avrò lasciato il Segno, molti non crederanno e verranno solo a rendere omaggio. Gli uomini devono convertirsi e fare penitenza»[16].

Tuttavia – a quanto pare – sarà egualmente un evento strepitoso che provocherà un mare di conversioni. Mirjana dice: «Allora la gente crederà che qui è apparsa la Vergine, comprenderanno il segno attraverso la sua manifestazione. Quando Jakov ha detto che il sindaco sarà il primo a correre sulla collina, voleva indicare più generalmente le persone appartenenti alle classi sociali più elevate. Essi comprenderanno il segno come un luogo dove sarà possibile convertirsi. Essi correranno alla collina, pregheranno e troveranno il perdono»[17].

Le due versioni sono perfettamente compatibili. È del tutto immaginabile che di fronte a un evento prodigioso così eloquente accorrano anche le élite ma senza una vera conversione come invece avverrà per tanta gente semplice. Anche perché c'è un altro aspetto importante che sembra riferito al tempo in cui questo Segno sarà lasciato e alle folle che dovrebbero venire a vederlo: «La Madonna ha detto che in quel momento molti guariranno». E – per non essere generica – ha fatto anche una promessa di guarigione particolare ed eccezionale a uno dei giovani amici dei ragazzi di Medjugorje che, nei primi tempi, stava con loro durante le apparizioni. Costui, per una grave malattia, è «senza la

---

[15] VB, pp. 170-171.
[16] Citato in MVZ, p. 98.
[17] L1, p. 116.

gamba sinistra». Ebbene, dice Vicka, «dopo che ci darà il suo Segno egli guarirà completamente»[18].

Di che Segno può trattarsi? Ai veggenti ha detto una volta di guardare la collina e ricordarla perché poi non sarà più così, com'era all'inizio delle apparizioni. Un vago indizio di cosa potrà accadere ce lo fornisce forse un episodio che risale agli straordinari mesi del 1981. Uno dei segni spettacolari che avvennero in quei giorni è descritto da un testimone d'eccezione, Ivan Kozinas, che era uno dei miliziani che presidiavano il paese. Lui racconta che mentre la gente affluiva verso la chiesa per l'apparizione, sul Podbrdo «d'improvviso è divampato un incendio, erano le 17,45 di un giorno dell'ottobre 1981». È il caso di notare che quella era l'ora della prima apparizione e solitamente anche di quelle successive. Ma riprendiamo il racconto del miliziano: «Sembrava fuoco, ma mi rendevo conto che non lo era perché non c'era fumo e non si sentiva il crepitio delle fiamme. Tutto è durato 12 minuti circa, poi il fuoco è sparito. Io mi sono inginocchiato e ho pregato. L'indomani abbiamo controllato tutto, ma non c'era traccia d'incendio, né cenere, né altro»[19].

Marija afferma che il giorno successivo la Madonna ha detto ai veggenti: «Il fuoco visto dalla gente era di carattere soprannaturale. Era uno dei segni premonitori del grande segno che verrà»[20]. Si possono fare varie ipotesi su cosa significano queste parole, ma credo che siano tutte egualmente gratuite.

Cos'altro sappiamo degli altri segreti? Cosa è possibile sapere del loro contenuto? Vaghissimi spunti si trovano qua e là. Nel primo libro di padre Laurentin, quello che il Papa

---

[18] VB, p. 184.
[19] Testimonianza raccolta da Mirjana Vasilj Zuccarini e riportata in *Dizionario cronologico delle apparizioni della Madonna*, Piemme, Casale Monferrato 2004, p. 384.
[20] Intervista pubblicata in «Medjugorje Torino», maggio 2001, n. 99.

mostrò a monsignor Hnilica, si legge: «Nell'ottobre del 1981, la Vergine avrebbe risposto a tre domande proposte a Marija da un prete di Mostar. Sulla Polonia: "Tra breve ci saranno gravi conflitti, ma i giusti prevarranno"[21]. Sui paesi dell'Est: "La Russia è il popolo nel quale Dio sarà maggiormente glorificato"[22]. "L'Occidente ha fatto avanzare il progresso, ma senza Dio, come se non fosse Lui il suo creatore (ciò che aggiunse sull'Occidente sembra essere materia dei segreti)».

Naturalmente attorno ai segreti sono fiorite anche molte ipotesi. Una delle quali è stata esplicitamente smentita da Ivan, quella relativa ai «tre giorni di tenebre» che sarebbero venuti sul mondo. Interrogato ha risposto: «La Madonna non ne ha mai parlato qui. Non è venuta per seminare il terrore. È venuta come Madre della luce e della speranza. Non date ascolto ai profeti del male, perché essi non sono di Dio»[23].

Mirjana un giorno ha spiegato: «Non abbiate paura di avere figli; piuttosto dovreste temere di non averne. Quando i segreti verranno rivelati, capirete perché era importante aver avuto tanti bambini. Perché credete che io stessa desideri averne molti?»[24]. Tuttavia poi anche su queste parole che volevano tranquillizzare sono fioriti i timori di qualcuno: «Significa forse che con le "prove" che si annunciano l'umanità verrà decimata e, come dopo il diluvio, dovremo ripopolare la terra?».

Terrori irrazionali da lasciar perdere. Un'altra piccola tessera del mosaico è quella delle date. L'apparizione annuale di Mirjana, dal 1982, avviene ogni 18 marzo che è anche il

---

[21] In effetti il 13 dicembre 1981 avverrà il colpo di stato di Jaruzelski che metterà fine, momentaneamente, all'esistenza di Solidarnosc e alla ritrovata democrazia. La quale sarà poi ristabilita con il crollo del regime, dieci anni dopo.
[22] Questa predizione sembra ricalcare la promessa fatta a Fatima.
[23] In L3, p. 23.
[24] *Ibid.*, p. 31.

giorno del suo compleanno. Ma lei nega che le due cose abbiano un legame: «Quando incominceranno a realizzarsi molte cose, allora si comprenderanno queste date che la Madonna ha scelto e il fatto che (il 18 marzo, *NdA*) sia il mio compleanno non c'entra»[25]. Se ne dovrebbe dedurre che il 18 marzo sia una data che ha qualcosa a che fare con l'attuarsi degli eventi previsti nei Segreti. Ma è troppo poco per capirne di più. Infine c'è qualcosa che riguarda misteriosamente l'Italia.

[25] Mi, p. 54.

Capitolo 4
Un segreto sull'Italia?

Un'altra allusione ai Segreti viene fatta da Marija a proposito della vicenda della Madonnina di Civitavecchia. Prima di vedere le parole di Marija, però, voglio raccontare il caso nel dettaglio, proprio per il suo fortissimo e misterioso legame con Medjugorje. Dunque alle porte di Civitavecchia, a nord, in una campagna pasoliniana, sorge la chiesetta parrocchiale di Pantano, dedicata a sant'Agostino. Il parroco, don Pablo Martin, nel settembre 1994, partecipa a un pellegrinaggio a Medjugorje e là – in un negozietto del paese – compra una statuetta in gesso della Madonna, alta circa 40 centimetri, una di quelle fatte in serie. A fabbricarle è un artigiano di Medjugorje, Stephan Vlaho, di 38 anni, che gestisce anche il negozio dove vengono vendute ai pellegrini insieme ad altri souvenir e oggetti devozionali.

Dunque don Pablo porta a casa la statuetta e la colloca nella sua canonica. Qualche giorno dopo il ritorno però il parroco la regala a un parrocchiano, Fabio Gregori, 32 anni, per festeggiare il suo rientro pieno nella Chiesa dopo una piccola sbandata di curiosità per i testimoni di Geova. Il parroco gli racconta ciò che accade a Medjugorje e lo saluta affidandolo alla Vergine: «(che) la Madonna sia la maestra e la custode della tua fede». Il Gregori colloca la statuetta donatagli dal parroco nel giardino di casa sua, in una nicchietta.

Giovedì 2 febbraio 1995 – alle 16,30 – il colpo di scena. Jessica, cinque anni, figlia maggiore dei Gregori, sta giocando nel giardino. A un certo momento chiama: «Papà, papà, la Madonnina piange sangue!». Il Gregori non afferra subito. La bambina insiste, lui si avvicina e vede qualcosa che lo paralizza: è vero! Per lunghi minuti sta lì davanti, si avvicina, cerca di capire, allunga un dito. In breve la cosa si ripete in quei giorni una quantità di volte e davanti a tanti testimoni (come il comandante dei vigili urbani di Civitavecchia, Giancarlo Mori). I curiosi sono centinaia e arrivano subito. Il parroco prende la statuetta e la porta in canonica. Avverte il vescovo che però subito manifesta un'assoluta ostilità a tutta questa storia proibendogli di tenerla. Il caso esplode sui giornali. Le fotografie impressionano. Migliaia di persone commosse arrivano a Pantano.

Monsignor Grillo, il vescovo, è il più duro oppositore. Ai giornali dichiara: «Sono decisamente contrario a credere che quelle lacrime abbiano qualcosa di soprannaturale». Per smontare questa messinscena si avvale della scienza. Il 9 febbraio la statuetta viene radiografata al Policlinico Gemelli dove però si accerta che si tratta di una statuetta piena di gesso compatto: non ci sono dentro né cavità, né marchingegni di alcun genere. Il 28 febbraio altre analisi attestano che trattasi di sangue umano.

Si mette in moto un pandemonio. C'è chi fa denuncia per «abuso della credulità popolare» e c'è perfino l'iniziativa della magistratura. Nessuno sa spiegare come faccia una statuetta di gesso a piangere sangue umano. Una nuova TAC al Gemelli esclude l'esistenza di trucchi dentro la statua. E alle ore 8,15 del 15 marzo il colpo di scena più straordinario. Quella mattina era ospite di monsignor Grillo sua sorella col marito. La donna espresse il desiderio di pregare davanti alla Madonnina che lei aveva già visto perché la statuetta era stata affidata in custodia, dal fratello vescovo, a una delle suore che vivono nel palazzo della diocesi. Fu portato dunque l'oggetto mentre la donna chiamava il marito. «Ci trovammo perciò in quattro davanti alla Madonnina che io tenevo nelle mie stesse mani» racconta il vescovo. «All'improvviso mio cognato grida: "Guardate cosa sta accadendo...", anticipando di un attimo ciò che tutti avevamo visto con commossa meraviglia, ma soprattutto con incredulità. Dall'occhio destro della Madonnina scendeva lungo la gota un sottile rivolo di sangue, che si coagulava in una piccola perla di rubino all'altezza del cuore. Il "fatto" si era ripetuto ancora una volta, proprio mentre la statuina stava fra le mie braccia»[1].

Tralascio le tumultuose vicende e il clamore giornalistico. La statuetta fu collocata, a furor di popolo, nella chiesetta di Pantano con una messa solenne durante la quale fu padre Jozo Zovko, il parroco storico di Medjugorje, che venne chiamato a tenere l'omelia. Da allora migliaia e migliaia di persone si recano in pellegrinaggio alla Madonnina. Si sa di moltissime conversioni e di tante guarigioni ritenute miracolose. Nella canonica, ancora povera, si custodiscono una quantità di ex voto e la documentazione dei diversi casi di guarigione e delle tantissime storie. Durante la visita che io stesso ho fatto, il 23 ottobre 2003, ho appreso che la Madonnina, collocata dentro una teca della chiesa, ha di nuovo lacrimato, all'inizio di quell'anno 2003 e che si è trattato, in quel caso, di lacrime normali (la notizia però non è trapelata sui media)[2].

Il «caso Civitavecchia» è stato da molti interpretato come una clamorosa conferma di Medjugorje in un periodo in cui

---

[1] La testimonianza di monsignor Grillo è in *Rapporto su Civitavecchia*, a cura di Luciano Lincetto, Vigodarzere 1998, pp. 89-90.

[2] Mentre questo libro va in stampa la Diocesi di Civitavecchia ha reso note le conclusioni della Commissione d'indagine, a 10 anni dai fatti. Vi si conferma l'inspiegabilità umana e scientifica di quei fatti e si rende noto che quelle «lacrime» sono state solo la preparazione di una serie di apparizioni della Vergine a Jessica Gregori, la quale avrebbe anche affidato al vescovo i segreti ricevuti dalla Madonna. Il vescovo ha riferito che due eventi che gli erano stati preannunciati si sono poi verificati nel 1996 e nel 2000.

alcuni cercavano di dare la sensazione che là tutto fosse finito (anche approfittando del fatto che, a causa della guerra, i pellegrinaggi si erano fatti molto meno numerosi). Ma vi sono anche altri inesplorati elementi nella vicenda della Madonnina. Un dettaglio che, al momento, seminò sconcerto fu quello relativo al sangue: i laboratori infatti attestarono che era sangue umano, ma appartenente a un soggetto maschile. Le reazioni superficiali dei più furono scandalizzate e tornò in auge il sospetto della truffa: la Madonna infatti, si obiettava banalmente, ha sangue femminile, non maschile.

Ma i teologi avvertirono che non c'era nulla di inquietante. Al contrario: il sangue redentore infatti, per i cristiani, è quello versato da Gesù, non il sangue di Maria, che è una creatura redenta da Lui come noi. E dunque quella circostanza mostrava il legame inscindibile fra la Madre e il Figlio Salvatore, mostrava che Maria porta a Gesù redentore e non a se stessa. Tutto questo aveva un senso cristiano. Mentre non lo avrebbe avuto se si fosse scoperto che quel sangue apparteneva a una donna.

Ma non solo. Il significato è ancor più profondo, perché c'è un aspetto che è rimasto nell'ombra. La lacrimazione infatti avviene il 2 febbraio, cioè per la festa liturgica della presentazione di Gesù al Tempio e della «Purificatio Sanctae Mariae». Queste due feste, unite insieme, risalgono addirittura al IV secolo e vengono da Gerusalemme e Bisanzio. Sono rievocazioni di due usanze ebraiche successive al parto. La presentazione del primogenito al Tempio, nella memoria del mancato sacrificio di Isacco da parte di Abramo, e la purificazione della madre. Nel caso di Gesù, com'è noto, quando viene portato al Tempio di Gerusalemme da Giuseppe e Maria si verifica il suo riconoscimento messianico da parte del vecchio Simeone e della profetessa Anna, che rappresentano la tradizione profetica di Israele. L'episodio ha dunque un significato simbolico profondo: è il riconoscimento dell'opera di salvezza di Dio, del Salvatore, da parte di Israele, cioè del Tempio, delle autorità religiose di Israele (anzi, per esse, da parte dei profeti). Ed è un significato che permane anche nel tempo della Chiesa: anch'essa infatti ha il compito «profetico» di riconoscere il mistero di Dio presente e operante nella storia attuale, perché l'iniziativa di Dio, l'iniziativa del soprannaturale, permane. Anche in forme speciali. A Medjugorje come a Civitavecchia, come a Fatima e a Lourdes. Già san Paolo esortava: «Non spegnete lo Spirito, non disprezzate le profezie» (*1 Tessalonicesi* 5, 19-20).

Tutto l'episodio dunque – legato alla festa del 2 febbraio – ha il sapore di un misterioso invito a riconoscere l'irrompere del soprannaturale nella storia. È anche significativo il luogo in cui è accaduto. La chiesetta di Pantano infatti è dedicata a sant'Agostino perché è «erede del santuario, che nel porto di Giano ricordava» scrive don Augusto Baldini «il passaggio del Dottore della Chiesa sul litorale civitavecchiese nell'anno 387. Commemorava il provvidenziale incontro con quel bambino sulla riva del mare, che invitava il convertito Agostino a un atto di umiltà della sua intelligenza davanti al mistero di Dio, Uno e Trino»[3].

L'episodio è memorabile. Riferendolo il grande Padre della Chiesa voleva mostrare quanto vana e assurda sia la pretesa di voler «limitare» il Mistero di Dio a ciò che noi possiamo capire, quando bisogna invece riconoscere ragionevolmente il Mistero che ci supera e inginocchiarsi ad esso. Che il fatto della statuetta accada in un luogo simile è una coincidenza che fa pensare: vi si può leggere un'esortazione al riconoscimento umile del Mistero di Dio rivolta all'intelligenza, alla razionalità e alla teologia. Un invito a non restare prigionieri dei pregiudizi e a riconoscere i fatti. In particolare un invito a riconoscere il miracolo come dimensione permanente della presenza di Dio fra gli uomini: è anche significativo che tale invito arrivi, sotto forma di una statuetta di Maria, da

---

[3] *Ibid.*, p. 5.

Medjugorje a un luogo che sta alle porte di Roma, cuore della Chiesa, sede di Pietro.

Va anche sottolineato che la festa della Presentazione di Gesù al Tempio è una di quelle che più uniscono la figura di Maria a suo Figlio. Secondo l'esortazione apostolica *Marialis Cultus* di Paolo VI, emanata (non a caso) un 2 febbraio (1974), questa festa «deve essere considerata come memoria congiunta del Figlio e della Madre, cioè celebrazione di un mistero di salvezza operata da Cristo, a cui la Vergine fu intimamente unita quale Madre del Servo sofferente di Jahvé, quale esecutrice di una missione spettante all'antico Israele e quale modello del nuovo popolo di Dio, costantemente provato nella fede e nella speranza dalla sofferenza e dalla persecuzione».

Wolfgang Beinert, commentando la liturgia di questo giorno, scrive: «La colorazione mariana è data dalla pericope evangelica (di Simeone: «I miei occhi hanno visto la tua salvezza... luce per illuminare le genti», *NdA*). Maria appare nell'atto di offerta del Figlio come Colei che porta la luce, madre di Cristo luce delle genti, compartecipe nelle sofferenze di colui che sarà segno di contraddizione»[4].

Tutto questo (Maria che offre il Figlio luce delle genti, Maria «compartecipe nelle sofferenze di Lui...») è straordinariamente significativo come chiave di lettura sia di Medjugorje che del fatto di Civitavecchia. Confermato naturalmente dal simbolismo delle lacrime su cui si potrebbe scrivere un trattato. Il pianto è una costante di quasi tutte le apparizioni della Vergine[5].

Per la verità il pianto è, nella vita normale, una caratteristica in particolare delle donne e – verrebbe da dire – Maria

---

[4] WOLFGANG BEINERT, *Il culto di Maria oggi*, Paoline, Torino 1985, pp. 206-207.

[5] Anche il pianto delle immagini della Madonna. Un caso storico clamoroso, quello di Siracusa, è raccontato da SAVERIO GAETA in *La Madonna è tra noi. Ecco le prove* (Piemme). Ma, più ampiamente, si veda anche VITTORIO MESSORI e RINO CAMMILLERI, *Gli occhi di Maria* (Rizzoli).

di Nazaret è una donna in tutto e per tutto. Anche per la facilità al pianto che non è un indizio di debolezza femminile, come banalmente si crede, ma di intensità affettiva ed emotiva. Tom Lutz nella sua *Storia delle lacrime* (Feltrinelli) osserva che nessun'altra specie, fuori da quella umana, è capace di piangere, così come solo quella umana possiede il linguaggio. Dunque il pianto rappresenta un fenomeno specificamente umano, esprime una profondità che è solo umana[6]. Nella storia cristiana il «dono delle lacrime» viene invocato nella letteratura mistica come la preghiera più alta (il pianto di Pietro, dopo il tradimento e lo sguardo di Gesù incatenato, è l'istante più emblematico per la nostra vita cristiana).

Nel caso della Vergine Maria e delle sue apparizioni sulla terra, le lacrime esprimono certamente un'insondabile profondità teologica. Don Augusto Baldini, nel volumetto sul caso di Civitavecchia, dà una succinta, ma impressionante traccia di meditazioni. La riprendiamo un istante. Per esempio quella del filosofo Jacques Maritain che, dopo la conversione, dedicò alcune sue pagine al pianto di Maria: «Se gli uomini sapessero che Dio soffre con noi e molto più di noi per tutto il male che devasta la terra, molte cose cambierebbero senza dubbio e molte anime sarebbero liberate... Le lacrime della Regina del Cielo (significano) il sovrano orrore che Dio e sua Madre provano per il peccato e la sovrana loro misericordia per la miseria dei peccatori».

Il cardinale Martini sulle lacrime della Vergine a La Salette: «È un mistero profondissimo, che in qualche modo ci permette di intuire la sofferenza di Dio per il male che noi compiamo. Un mistero che la teologia fa fatica a elaborare». E il Papa, sempre per l'anniversario di La Salette: «Maria, madre piena d'amore, con le sue lacrime ha mostrato la tristezza per il male morale dell'umanità. Con le sue lacrime ci

---

[6] Vedi anche JEAN-LOUP CHARVET, *L'eloquenza delle lacrime*, Ed. Medusa.

aiuta meglio a comprendere la dolorosa gravità del peccato, del rifiuto di Dio, ma anche la fedeltà appassionata che suo Figlio nutre verso i fratelli: Lui, il Redentore, il cui amore è ferito dalla dimenticanza e dal rifiuto... Ella ha compassione delle difficoltà dei suoi figli e soffre nel vederli allontanarsi dalla Chiesa di Cristo». Infine suor Lucia di Fatima scriveva in una lettera del 1958: «Dio... esauriti gli altri mezzi disprezzati dagli uomini, ci offre con tremore l'ultima ancora di salvezza: la santissima Vergine in persona, le sue apparizioni, le sue lacrime, i suoi messaggi».

Anche i ragazzi di Medjugorje l'hanno vista piangere. Dicono che sia un'esperienza struggente guardarla così addolorata: «Fa pena, dovreste vederla, si farebbe qualsiasi cosa pur di asciugare le lacrime da quel viso così bello». A stabilire poi un ennesimo legame con Civitavecchia c'è anche un messaggio, davvero appassionato, datato 24 maggio 1984, che parla di lacrime di sangue. «Cari figli, come vi ho già detto, vi ho scelti in modo particolare. Così come siete. Io sono la Madonna che vi ama tutti. In ogni istante, quando avete delle difficoltà, non abbiate paura, perché io vi amo anche quando siete lontani da me e da mio Figlio. Vi prego, non permettete che il mio cuore pianga lacrime di sangue per le anime che si perdono nel peccato. Perciò, cari figli, pregate, pregate, pregate!».

Marija, intervistata da padre Livio Fanzaga che le ricordava questo messaggio in relazione ai fatti di Civitavecchia, ha dichiarato: «Per me (la vicenda di Civitavecchia, *NdA*) ha un significato molto grande, non tanto perché la Madonna ha pianto, in quanto l'ho vista anch'io piangere, ma perché ha pianto lacrime di sangue e ha pianto vicino a Roma. Tutto l'insieme dice molto». L'intervistatore cerca di saperne di più: «Vi è un grande significato?». E Marija: «Sì, secondo me sì, ma poi parlando non vorrei...».

Qui Marija si ferma, facendo intuire che non vuole entrare nel terreno proibito dei Segreti. Significa forse che qualcuno dei Segreti riguarda l'Italia? O Roma? O la Santa Sede? Ha un significato simbolico che la statua della Madonna abbia pianto lacrime di sangue tra le braccia di un vescovo? Prefigura qualcosa che accadrà? In effetti a padre Livio che la incalza chiedendo un'opinione personale, Marija risponde: «La Madonna ci ha detto: "Pregate per il Santo Padre, perché questo Papa l'ho scelto io per questi tempi"... Penso in modo particolare a questo momento in cui vediamo che il Santo Padre ha meno forze e anche nei prossimi anni, quando saremo al trapasso tra un Papa e l'altro e quando sarà il momento di eleggere un nuovo Papa. Dobbiamo lasciarci guidare dalla preghiera e dallo Spirito Santo»[7]. Sembrerebbe che in futuro un passaggio di pontificato possa essere drammatico. Ma sarebbe arbitrario da questo fare troppe deduzioni.

Peraltro le congetture apocalittiche che si fanno talora sull'insieme dei Segreti vengono smentite da tutti i veggenti anche ricordando che la promessa della Madonna è – dopo le prove, con l'incatenamento del potere di Satana – un lungo tempo di pace e di prosperità. È un esito certo? «Sì, sì» risponde Mirjana senza incertezze. «Sono sicura che alla fine vedremo questa luce. Vedremo il trionfo del cuore della Madonna e di Gesù».

---

[7] Ma, pp. 81-82. Nel maggio 1938, santa Faustina Kowalska, la mistica di Cracovia che viveva una straordinaria e continua intimità con Cristo, sentì queste sue parole: «Nutro un amore speciale per la Polonia e se essa sarà obbediente alla Mia volontà, la esalterò in potenza e santità. Da essa giungerà la scintilla che preparerà il mondo alla Mia venuta finale».

Capitolo 5
Le piaghe d'Egitto?

Ma esistono i profeti anche nell'era cristiana? La vicenda dei «segreti» di Medjugorje non rischia di portare per una china apocalittica che è tipica dei movimenti millenaristici? Mi faccio queste domande inquietanti, finché mi accorgo di aver trovato le risposte migliori in una bellissima intervista teologica che Niels Christian Hvidt ha fatto, proprio sulla «profezia»[1], al cardinale Joseph Ratzinger.

Il prelato ricorda – con san Paolo – che la Chiesa è fondata «sugli apostoli e sui profeti» e che quest'ultimo termine «va riferito ai profeti della Chiesa», non solo a quelli antichi della Bibbia. Aggiunge: «È pure importante sottolineare che il profeta non è un apocalittico, anche se ne ha la parvenza, non descrive le realtà ultime, ma aiuta a capire e a vivere la fede come speranza».

Il profeta non è l'indovino, ma è colui che vive «faccia a faccia con Dio», faccia a faccia con la sua Presenza viva, perché Dio non va ridotto – in modo intellettualistico – a «un tesoro di verità rivelate assolutamente complete», ma è il Vivente, il Signore del cosmo e continua ad intervenire nella storia: «Così la Chiesa» spiega Ratzinger «affronta le sfide che le sono proprie grazie allo Spirito Santo *che, nei momen-*

---

[1] *Il problema della profezia cristiana*, testo pubblicato nel sito della Congregazione per il Clero, oggi reperibile in www.ratzinger.it.

ti cruciali, apre una porta per intervenire. La storia della Chiesa ci ha fornito molti esempi di grandi personaggi quali Gregorio Magno e sant'Agostino che erano anche profeti».

Ma la figura più grande nella profezia, spiega il cardinale, è la Madonna: «C'è un'antica tradizione patristica che chiama Maria non sacerdotessa, ma profetessa. Il titolo di profetessa nella tradizione patristica è, per eccellenza, il titolo di Maria. È in Maria che il termine di profezia in senso cristiano viene meglio definito e cioè questa capacità interiore di ascolto, di percezione e di sensibilità spirituale che le consente di percepire il mormorio impercettibile dello Spirito Santo, assimilandolo e fecondandolo e offrendolo al mondo. Si potrebbe dire, in un certo senso, ma senza essere categorici, che di fatto la linea mariana incarna il carattere profetico della Chiesa. Maria è sempre stata vista dai Padri della Chiesa come l'archetipo dei profeti cristiani».

E infatti cos'è il *Magnificat* cantato entusiasticamente dalla ragazza di Nazaret se non un'immensa profezia? Ma il suo compito continua nei secoli avendo ricevuto una missione da Gesù stesso[2]. Padre Gabriele Amorth lo ricorda polemicamente a coloro che ironizzano sui tanti messaggi dati a Medjugorje: «Sembra che certuni si siano già stancati e si domandino: "Come mai Maria Santissima, che nel Vangelo dice così poche parole, ne spende tante ora?". Costoro dimenticano la missione nuova che Gesù ha affidato a Maria sulla Croce: Madre di tutti gli uomini e di tutti i popoli. È indubbiamente questo un momento cruciale per l'umanità e la "Mamma" parla a tutti gli uomini e a tutti i popoli».

Certamente le appassionate e materne «irruzioni» profetiche di Maria si sono moltiplicate con la Rivoluzione francese e i tempi moderni. In modo particolare hanno assunto

---

[2] L'intervista sottolinea anche l'importanza che Lourdes e Fatima hanno avuto nella vita della Chiesa. Perfino per la definizione di dogmi (come l'Immacolata Concezione, anche in relazione alle rivelazioni di santa Caterina Labouré).

rilievo pubblico e popolare (anche politico) con Rue du Bac (Parigi 1830), La Salette (1846), con Lourdes (1858), con Fatima (1917) e Medjugorje. Accentuando, negli ultimi due casi, anche la loro natura di messaggio esplicito all'umanità, di appello alla conversione e di profezia dichiarata.

Le apparizioni mariane sebbene snobbate dal mondo secolare, considerate folklore cattolico dai mass media e spesso guardate con sufficienza fra teologi e chierici hanno catalizzato quasi tutti i movimenti di rinascita del cattolicesimo negli ultimi due secoli. Vittorio Messori ha notato che anche nella grande apostasia dei tempi moderni, soprattutto quella seguita al Concilio Vaticano II, sono stati proprio i santuari mariani che hanno custodito e alimentato la fede popolare.

Ma c'è qualcosa che lega tutte queste apparizioni? C'è un piano che si deve ancora esplicitare e capire? Se davvero quelle di Medjugorje sono le ultime apparizioni nella storia, la Madonna intende riferirsi alla natura pubblica di queste sue manifestazioni? E, dunque, bisogna pensare che vi sia un piano unitario che lega insieme le apparizioni moderne? E perché proprio questo nostro tempo ha conosciuto un soccorso così straordinario della Vergine all'umanità? È in corso davvero la battaglia finale che si va preparando da qualche secolo? In tanti – ignari di Medjugorje – avvertono nell'aria i segni di una grande tempesta. E sono perlopiù personalità che non indulgono al catastrofismo e all'immaginario apocalittico.

Mi ha colpito sfogliare l'ultimo libro di René Girard, uno degli intellettuali più sensibili e profondi di questi anni, e imbattermi in queste righe: «L'impressione è che l'intera umanità si stia recando a una sorta di appuntamento planetario con la propria violenza»[3]. Il «vortice di violenze» che si congiungono e si sommano in un'unica forza distruttiva – spiega – va dalle piccole «violenze che esplodono all'in-

---

[3] RENÉ GIRARD, *La pietra dello scandalo*, Adelphi, Milano 2004, p. 20.

terno della famiglia» fino agli orrori visibili sul palcoscenico del mondo comprese le «guerre di sterminio contro le popolazioni civili». A tutto questo vortice Girard – nelle sue opere filosofiche e antropologiche – dà il nome proprio di «Satana».

La grande battaglia dei nostri anni è quella fra l'oscura entità che così si denomina e la luminosa protagonista di questo libro: Maria di Nazaret. È lei che a Medjugorje avverte che Satana intende distruggere non solo l'uomo, ma perfino il creato. Quale strategia – per così dire – ha messo in campo Colei che viene venerata col titolo di «Vergine potente contro il Male»?

Donald Anthony Foley, nel suo volume *Il libro delle apparizioni mariane*[4], formula due ipotesi molto suggestive. La prima è questa: le diverse apparizioni dell'epoca moderna, connotata dalla progressiva dissoluzione della Cristianità e quindi da successivi strappi «rivoluzionari» o anticattolici, sarebbero ciascuna «una sorta di preludio (o di risposta)» ai vari specifici episodi rivoluzionari. A cominciare dall'apparizione di Guadalupe, in Messico, all'indio Juan Diego, che determinò una svolta storica portando alla fede le popolazioni indigene del nuovo mondo (il Centro e il Sud America), proprio in un momento (il 1531) in cui la cattolicità era stata messa in ginocchio in Europa dall'invasione turca e dal ciclone protestante.

Secondo Foley «ciò vale anche per le apparizioni di Rue du Bac, nel 1830, che coincisero con la rivoluzione che ci fu a Parigi in quell'anno» (e più ampiamente con la rivincita dello «spirito dell'89»). «Similmente l'apparizione di La Salette del 1846 si verificò poco prima dell'ondata di moti rivoluzionari che ebbero luogo su scala europea nel 1848». Inoltre «le apparizioni di Pontmain e Knock risalgono agli anni Settanta del XIX secolo, un'epoca che si rive-

---

[4] Il volume, edito da Gribaudi, è uscito nel 2004 (pagg. 576).

lò dolorosa per la Chiesa, con il Kulturkampf e le persecuzioni dei cattolici in Germania» (qui Foley sembra dimenticare, curiosamente, che in quegli anni l'evento storico è soprattutto l'abbattimento, dopo più di mille anni, della Roma pontificia: il Papa diventa «prigioniero» in pochi palazzi vaticani).

È ovvio (e dichiarato) infine il nesso fra Fatima e la rivoluzione bolscevica. Foley ritiene che anche le apparizioni in Belgio a Banneux e Beauraing (del 1932-1933) si possano legare a un evento storico catastrofico come l'avvento al potere del nazismo in Germania (1933) che precipiterà l'Europa nella tragedia e culminerà nella Shoah. Anche Lourdes – secondo questo autore – può essere messo in relazione al ciclone storico che punta allo sradicamento del cristianesimo e che è anche fatto di ideologie (in particolare Foley evoca la pubblicazione, del 1859, dell'*Origine delle specie* di Charles Darwin che considera «il vero inizio della moderna rivoluzione intellettuale atea»).

Si possono avere varie riserve sui dettagli, sui nessi storici (qualche volta francamente forzati) e la casistica, ma indubbiamente la sensazione che vi sia un forte legame fra le apparizioni e la storia concreta dei popoli è forte, anche se, forse, più misterioso e ancora da decifrare, per quanto è possibile. Nel caso di Medjugorje (che però Foley non tratta) è naturale associare gli eventi iniziati nel 1981 al crollo del comunismo nell'Est europeo, alla guerra in Jugoslavia e soprattutto agli accadimenti che, esplicitamente, i «dieci segreti» preannunciano.

La seconda ipotesi di Foley è questa. Lui ritiene «che ogni apparizione ufficialmente riconosciuta segua un modello fissato nell'Antico Testamento» e quindi ciascuna di esse racchiuda «un significato più grande, sia per la Chiesa che per il mondo». Questo spiegherebbe, a mio avviso, anche l'inesplorata profondità delle parole – sempre semplicissime e apparentemente povere – pronunciate dalla Vergine Maria. Facendone intuire il loro significato simbolico di portata planetaria che convive con un senso letterale adeguato alla semplicità dei piccoli interlocutori che Ella sceglie[5].

Dunque quali sarebbero i modelli biblici? Secondo Foley, che sottolinea alcuni importanti dettagli simbolici di ogni apparizione, «a Guadalupe, Maria si è rivelata come la nuova Eva e a Rue du Bac come la Mediatrice di tutte le Grazie e la scala di Giacobbe che unisce l'umanità a Dio. A La Salette ella è apparsa come novella Mosè, ammonendo il genere umano circa il bisogno di pentimento. A Lourdes si è proclamata l'Immacolata Concezione, mentre a Pontmain e a Knock è giunta come la nuova Arca dell'Alleanza. A Fatima, come novella Elia, ha nuovamente messo in guardia l'umanità contro i pericoli che correva, particolarmente "gli errori della Russia", e a Beauraing e a Banneux è apparsa come il nuovo "Cancello orientale", la Vergine Madre di Dio, per implorare ferventi preghiere. Alle Tre Fontane, si è presentata come la "Vergine della Rivelazione", indicando in questo modo l'importanza di riconoscere i "segni dei tempi" in cui viviamo».

In ognuno di questi casi – che forse sono anche discutibili – non si tratta di «titoli teologici», ma di una chiave di lettura della storia e dell'opera di Dio in aiuto dell'umanità. Per Medjugorje, che Foley non considera, si possono fare due riferimenti biblici. Il primo lo suggerisce padre Laurentin: «Nei messaggi c'è un costante richiamo alle prime paro-

---

[5] Un esempio. Quando a La Salette dice: «Quelli che guidano i carri non sanno fare altro che bestemmiare il nome di mio Figlio». E questo e la trasgressione del giorno del Signore sarebbero «le due cose che appesantiscono tanto il braccio di mio Figlio», così da far preveder duri castighi. È ovvio che i bambini di La Salette prendano queste parole nel loro significato immediato, ma è altrettanto chiaro il senso figurato per cui «quelli che guidano i carri» sono i governanti e i sovrani a cui peraltro sono rivolti anche i segreti e gli ammonimenti consegnati ai veggenti.

le del Vangelo, alla predicazione di Giovanni Battista, che, a gran voce, senza stancarsi, chiede la conversione più radicale a Dio. E tutto è iniziato il 24 giugno 1981, giorno della sua festa»[6]. Il secondo riferimento biblico è suggerito da padre Livio Fanzaga: «Il numero dei segreti dati dalla Regina della Pace (dieci, *NdA*) richiama alla memoria le dieci piaghe d'Egitto». Ma, aggiunge padre Livio, «si tratta di un accostamento rischioso perché almeno uno di essi, il terzo, non è un "castigo", ma un segno divino di salvezza»[7].

L'analogia è impressionante. In effetti c'è un episodio cruciale in cui è la Madonna stessa che sembra suggerire di cercare proprio nella Sacra Scrittura il senso (forse il modello) dell'evento di Medjugorje e, ovviamente, anche dei Segreti. È il messaggio del 25 giugno 1991, giorno importantissimo perché rappresenta – ad un tempo – il decennale delle apparizioni e la vigilia dell'inizio della guerra in Jugoslavia (scoppiata l'indomani, 26 giugno). In quella circostanza straordinariamente simbolica, la Madonna dice: «Pregate. Dio vi aiuterà a scoprire la vera ragione della mia venuta. Perciò, figlioli, pregate e leggete la Sacra Scrittura perché, attraverso la mia venuta, possiate scoprire nella Sacra Scrittura il messaggio che è per voi».

È forse la vicenda delle piaghe d'Egitto, che prelude alla liberazione del popolo d'Israele dalla schiavitù, che dobbiamo guardare? In effetti i dieci «segreti» di Medjugorje – per la loro natura – sembrano somigliare molto più al modello delle dieci piaghe di Mosè in Egitto, che non alla visione simbolica dei segreti di Fatima o al segreto di La Salette[8]. Padre Laurentin mette sanamente in guardia dall'enfasi sui segreti, spiega che in genere sono «oscuri, incerti, incomprensi-

---

[6] In CS, p. 462.
[7] LF2, p. 108.
[8] Cfr. ANTONIO GALLI, *Apologia di Melania*, Edizioni Segno, Udine 2001 (il testo dei segreti a pp. 405-412).

bili», che nelle diverse apparizioni «sono stati causa, di solito, di delusione» e che «i veggenti nelle loro profezie non sono infallibili». Aggiunge che l'autenticità di un'apparizione «non garantisce tutti i dettagli delle predizioni» (anche a causa dell'imperfezione dei veggenti) e che la loro interpretazione «deve necessariamente rimanere simbolica».

Questo è vero perfino di tante profezie messianiche contenute nella Bibbia. Tuttavia ciò non significa che la «visione» profetica di scene orribili e strazianti da parte di un veggente sia necessariamente «simbolica». La storia insegna che può essere del tutto realistica. Così è accaduto a Fatima e così è accaduto, più di recente, a Kibeho, in Rwanda dove la Madonna è apparsa per otto anni – dal 1981 al 1989 – a cinque studentesse di una scuola invitando alla conversione, al pentimento e alla preghiera per evitare gli orrori che sarebbero scaturiti dallo scatenarsi dell'odio etnico.

Il 15 agosto 1982, per otto ore, alle veggenti, attorniate da circa 20 mila persone sconvolte, la Madonna ha mostrato «immagini terrificanti: fiumi di sangue, persone che si uccidevano tra loro, fuoco dappertutto, cadaveri abbandonati, corpi decapitati». Così annotava padre Mandron. E proprio padre Laurentin, commentando queste righe nel 2002, scrive: «Padre Mandron non comprendeva nulla di quanto scriveva. I suoi lettori, terrorizzati da questa apocalisse inverosimile, si domandavano se egli non drammatizzasse, ma il dramma si è realizzato alla lettera poco dopo la fine delle apparizioni»[9].

Si tratta del genocidio in Rwanda del 1994, il più vasto e mostruoso di questi anni, che si è compiuto esattamente come era stato previsto. Dunque per quanto «inverosimili» potessero sembrare quelle predizioni, si sono avverate alla lettera.

---

[9] È la *Prefazione* al volume di GIANNI SGREVA, *Le apparizioni della Madonna in Africa: Kibeho*, Ed. Shalom, 2002.

E chi nel 1982 – «terrorizzato» dalla profezia di «questa apocalisse inverosimile» – ritenne che padre Mandron e le veggenti drammatizzassero eccessivamente, perché magari era tutto da interpretare simbolicamente, si sbagliava tragicamente. Avrebbe dovuto ascoltare l'appello, così accorato e materno, che la Vergine rivolse alla gente, proprio durante quell'apparizione del 15 agosto 1982: «Verrà il tempo in cui voi desidererete pregare, pentirvi e obbedire, senza più la possibilità di farlo, a meno che non lo cominciate a fare subito adesso, pentendovi e facendo tutto quello che io attendo da voi».

Queste apparizioni sono state ufficialmente riconosciute dal vescovo il 29 giugno 2001, quando purtroppo si era già velocemente avverata la tragica profezia. Ma quel giorno, a Kibeho, la Madonna – che si presentò come «Nyina wa Jambo» (la Madre del Verbo) – lanciò un appello analogo al mondo intero: «Il mondo va male... Il mondo corre verso la sua rovina, sta per cadere in un baratro... Il mondo è in ribellione contro Dio, vi si commettono troppi peccati, non c'è più né amore né pace... Se voi non vi pentite e non convertite i vostri cuori, voi cadrete tutti in un baratro».

Dunque «Kibeho è una profezia per il mondo intero» come scrive padre Gianni Sgreva? Ciò che sappiamo è che la Madonna ha fatto di tutto per scongiurare l'immane bagno di sangue che si è scatenato in quella terra e che ben realistiche erano le scene di orrore che fece vedere alle veggenti dodici anni prima che si verificassero.

Detto questo è anche vero che in altri casi, per esempio a La Salette, le predizioni si rivelarono vaghe e imprecise, come scrive padre Laurentin.

Tuttavia il caso Medjugorje, insisto, sembra appartenere a un modello diverso rispetto a Fatima, a Kibeho o a La Salette. Qua non abbiamo una visione simbolica, un complesso insieme di immagini da decifrare. Ma una serie di avvenimenti storici precisi di cui Mirjana, e gli altri veggenti, conoscono la data e il luogo del loro verificarsi e, su indicazione della Madonna, dicono che lo riveleranno tre giorni prima. È inevitabile pensare più alle dieci piaghe d'Egitto che alle profezie bibliche di tipo messianico. Un dettaglio, semmai, resterebbe da capire. Se anche qui, come nel caso dell'Egitto, il popolo di Dio è destinato ad essere risparmiato. Viene quasi da pensarlo quando i veggenti insistono a dire che «chi ha fede non ha nulla da temere, non può aver paura» e quando la Vergine invita a pregare per i non credenti ogni giorno «perché essi non sanno quello che li attende». Ma queste parole potrebbero avere un senso spirituale (nel primo caso) ed escatologico (nel secondo).

In ogni caso – se possiamo fare un'osservazione empirica e banale – non è forse da escludere che quanti daranno credito ai messaggi e ai segreti – il giorno in cui verranno rivelati – possano per questo avere la possibilità di fuggire per tempo eventuali fatti catastrofici e mettersi in salvo.

La Vergine del resto ripete: «Non pensate ai segreti. Pensate a convertirvi». Commuove leggere quest'ultima testimonianza di monsignor Franic, grande per umanità e per fede: «Io vivo Medjugorje come continuazione del messaggio di Lourdes e di Fatima. Questi messaggi invitano alla conversione tramite la preghiera, la penitenza, il digiuno e la riconciliazione... Non c'è altra cosa che l'avvertimento di Cristo: "Se voi non vi convertirete, morirete tutti"... Personalmente ho avuto a Medjugorje un invito interiore profondo e ho compreso che dovevo convertirmi anch'io. Molti pellegrini di tutto l'universo mondo hanno sentito la stessa cosa in questo luogo sacro (...). Anch'io ho potuto percepire i frutti di tante guarigioni che si sono verificate a Medjugorje e che continuano a verificarsi. Inoltre ho un'esperienza particolare, e per me miracolosa, che mi ha convinto dell'autenticità dei messaggi della Vergine a Medjugorje. Io non ho mai visto la Santa Vergine, e, per quanto riguarda la mia esperienza, preferisco tacere per il momento, perché vi sono coinvolte altre persone. Nel mio archivio ho conservato la relazione scritta che potrà essere rivelata solo 30 anni dopo la mia morte, se vi sarà qualche interesse per ciò. Si tratta di una profezia che si è realizzata. Da allora io mi riporto alla frase di Gesù: "Dai frutti voi riconoscerete l'albero"».

In fin dei conti la cosa più importante e affascinante è ciò che accade oggi a Medjugorje, nient'affatto ciò che accadrà domani. E tuttavia, se questo è vero, Medjugorje è solo agli inizi.

PARTE TERZA
LA MIA SPERANZA

«La bellezza salverà il mondo.»*
FËDOR DOSTOEVSKIJ

---

* Questa celebre frase è tratta da *L'idiota* ed esprime la convinzione del protagonista, il principe Miskin. Ma di quale bellezza si tratta?
«Al mondo esiste un solo essere assolutamente bello, Cristo, ma l'apparizione di questo essere immensamente, infinitamente bello, è di certo un infinito miracolo» (lettera di Dostoevskij alla nipote Sonia Ivanova).

Appunti di viaggio

*(Strana storia sui giorni e i luoghi
in cui è nato questo libro)*

È il 30 agosto 2004. Un bel cielo azzurro mi sorride sulle colline del mio Chianti. La mazzetta dei giornali sotto il braccio, celebro fra me la bellezza del cosmo e vorrei lodare Dio come sanno fare gli uccellini che popolano i miei tetti e i miei alberi. Poi m'immergo nella lettura.

Giuliano Ferrara sta pubblicando la *Quarta guerra mondiale* di Norman Podhorez. Sarebbe la guerra in corso. Ma, mi chiedo, quale guerra si sta veramente combattendo? Siamo certi di saperlo?

Pochi sparuti «neocon» nostrani chiamano alla mobilitazione come Oriana Fallaci contro la minaccia islamica al mondo libero e il presidente del Senato Marcello Pera è tornato a scuotere il mondo cattolico che «salvo poche eccezioni, tace o marcia per la pace come se non fosse affar suo difendere la civiltà europea cristiana». Cosa rispondono i cattolici? Qual è il loro compito nel mondo?

Mi vengono in mente le parole di Marija Pavlovic quando dice, estasiata: «Non si ha idea di quanto sia bella la Madonna, lo è sempre di più, e poi i suoi occhi, la sua tenerezza... Lei è in un modo tale che tutti si innamorano di lei e ci si innamora così tanto che la seguiamo».

Ecco, questa attrattiva e questo seguire descrivono la natura della fede cristiana, in tutti i casi. Cosicché scopriamo che «la fede non è il risultato di un impegno dell'uomo, ma è un puro riflesso della presenza del Signore»[1]. Ed è solo questo che i cristiani possono comunicare al mondo: di aver ricevuto una grande grazia. «Altrimenti si aggregano militanti, conniventi. Ma non si partoriscono figli a Dio se non per riflesso di grazia, per riflesso della Sua grazia nel volto e nella vita, nel cuore e nelle opere. Nelle opere buone cioè belle. Come le lacrime di Pietro. *Lacrymys fatebatur*. Opere buone della Sua grazia e della nostra libertà»[2].

Come accade a Medjugorje. Tutto il resto è politica, è militanza, è aggregazione umana, è impegno dell'uomo. Magari (a volte) lodevole, ma una nuova creazione sorge dal sentirsi guardati con quella tenerezza. La nuova creazione sorge quando un essere umano si accorge di essere guardato come Pietro si sentì guardato da Gesù dopo il suo tradimento: «Quando Pietro rinnegò la terza volta» spiega Agostino «state attenti a cosa dice l'Evangelista: "Il Signore lo guardò e Pietro si ricordò". Cosa vuol dire lo guardò? Il Signore non lo guardò fisicamente in volto come per ricordargli il peccato. Non è così: leggete il Vangelo. Gesù era giudicato all'interno del palazzo, Pietro veniva tentato nell'atrio. E così il Signore l'ha guardato non con il corpo, ma l'ha guardato con la sua divinità; non con lo sguardo degli occhi di carne, ma con grandissima misericordia. Colui che aveva distolto lo sguardo lo guardò e Pietro fu reso libero»[3].

Ecco perché il pianto di Pietro è davvero un pianto liberatore, che lava e rinnova la faccia della sua umanità. Ecco perché la Madonna per salvare il mondo dalla catastrofe, dalla guerra e dall'odio non raccomanda convegni e dibattiti, ma confessione, preghiera e penitenza. Raccomanda di lasciarsi guardare da Colui lontano dai cui occhi non esisteremmo.

---

[1] GIACOMO TANTARDINI, *Convegni sull'attualità di sant'Agostino. Appunti dalla quarta lezione*, allegato a «30 Giorni» n. 12 (2004), pag. 25.
[2] *Ibid.*, pp. 27-28.
[3] AGOSTINO, *Sermo 284*.

Ecco ancora le bellissime parole di Agostino: «Pietro aveva confidato nelle sue forze, non nella grazia di Dio, ma nella propria capacità di scelta. Aveva infatti detto (a Gesù prima della Passione, *NdA*): "Starò con te fino alla morte". Aveva detto nel suo impeto buono: "Non vacillerò mai". Ma Colui che nel suo disegno aveva donato a Pietro lo splendore della virtù, ha distolto da lui lo sguardo e Pietro è caduto. "Il Signore" dice "ha distolto lo sguardo", e così ha mostrato Pietro a Pietro. Ma dopo lo ha guardato e (guardandolo) ha confermato Pietro nella pietra (nella grazia della fede, *NdA*). Per quanto possiamo, fratelli miei, imitiamo nel Signore l'esempio della Passione. Ma potremo imitare l'esempio se a lui chiederemo aiuto, non anticipando come Pietro quando presumeva, ma seguendo e domandando, come Pietro quando camminava crescendo... Così Pietro che aveva presunto sarebbe perito se il Redentore non l'avesse guardato. Ed ecco lavato dalle sue lacrime, corretto e rialzato, Pietro testimonia. Testimonia Colui che prima aveva negato; e coloro che prima si erano allontanati, credono. È efficace verso i cattivi la medicina del sangue del Signore. Credendo bevono quel sangue che avevano versato con il loro furore»[4].

Quanto è lontano questo orizzonte su cui si leva lo sguardo di Cristo che perdona, dall'affannarsi degli attivismi umani. Giovanni Testori esortava: meno dibattiti più battiti.

Errori blu

Nei prossimi giorni settembrini a Milano vedremo un incontro delle religioni organizzato da ambienti cattolici. Il «Corriere della Sera» l'ha lanciato addirittura con un editoriale in prima pagina di Gaspare Barbiellini Amidei che dice: «*Quasi due millenni fa san Gerolamo era convinto che con il*

---

[4] La traduzione è dello stesso don Tantardini.

crollo dell'impero romano stesse per finire "il" mondo, sant'Ambrogio corresse: finiva soltanto "un" mondo».

Secondo Barbiellini per la Chiesa «la fine di "un" mondo dopo l'attentato di Manhattan non è la "fine" del mondo» e «la ricerca comune di un nuovo mondo passa anche da una concordia dei credenti».

Mi sembra ci siano grossi errori. Non era Ambrogio (essendo già morto nel 397) a rispondere al pianto di Girolamo per la caduta di Roma del 410 («la fiaccola del mondo s'è spenta»), ma era Agostino. Inoltre la frase giusta diceva: «Non è un mondo vecchio che finisce, ma un mondo nuovo che inizia». E fu detta non nel 410, ma quando Agostino stava morendo, nell'agosto 430, mentre Ippona era assediata dai Vandali e i cristiani correvano angosciati al suo capezzale.

Dunque: 1) Girolamo e Agostino piansero (e non gioirono) per la distruzione di Roma; 2) bisogna chiedersi qual era il «nuovo mondo» di cui Agostino indicava l'alba: non era certo rappresentato dalle orde dei Vandali e neanche da un simposio delle diverse religioni avendo Agostino scritto il *De vera religione* per affermare che la Verità è una, Cristo, e il *De Civitate* per confutare i pagani.

Dunque qual era quest'alba? Lui stava morendo e intravedeva un'alba? Quale alba? Non era forse l'alba degli occhi di Gesù? Non era forse lo sguardo che inondò di misericordia Pietro dopo il rinnegamento? Non era per quello sguardo che la sua vita era cambiata e la sua terra si era illuminata come una nuova creazione? Non era per quello sguardo che si era sentito per la prima volta libero e (fra le lacrime) felice? Non era per non perdere quello sguardo che era stato disposto a lasciarsi alle spalle tutta la vecchia vita?

Aveva una giovinezza dissoluta alle spalle Agostino e per primo ne descrisse la malinconia, la nostra moderna malinconia di creature sbandate. Primo dei moderni. Perché è il tempo stesso, l'insostenibile leggerezza della vita e del nostro male, prima che l'Islam radicale o i Vandali, a minacciare il nostro mondo. È il consumarsi dei giorni, il perdersi di tutto nel crepuscolo, che rende tristi. Una volta qualcuno stava cantando la *Sevillanas del adios*: «Algo se muere en el alma / cuando un amigo se va...». E qualcuno osservò: «Per ogni uomo la vita è così. Tutto si allontana all'orizzonte del tempo e lui se ne sta sulla riva del mare a guardare le cose finché diventano un punto all'orizzonte e spariscono. Ma può accadere il contrario, cosicché dalla riva del mare scorgi un punto lontano, è una barca che si avvicina, arriva, scende un uomo e viene ad abbracciare te. Ecco, per i cristiani la vita non è più le cose che se ne vanno, ma Qualcuno che sta arrivando».

Perciò Agostino vecchio e morente non aveva malinconie, né vedeva fine di mondi. Pur vecchio nel corpo, era «giovane» nel cuore e innamorato, libero, come un uomo perdonato e rinato. Come un uomo che vede avvicinarsi all'orizzonte l'amore vero.

L'alba di oggi

La prendo larga. Perché oggi è accaduto un evento insignificante per il mondo, ma non per me. Mia figlia primogenita fu una bambina ricciolata, oggi diciannovenne è una scura bellezza da profetessa biblica, una voce superba quando – al pianoforte – canta *Bring me to life* degli Evanescence (che a *Excalibur* ho usato tante volte per «commentare» le struggenti foto di sofferenza e di distruzione della guerra) o quando, a due voci con sua sorella, canta *Nothing else matters* dei Metallica. Stamattina l'ho accompagnata a Firenze dove inizia l'università e dove quindi vivrà. E mentre correvamo sul crinale delle colline di San Donato, la dolce valle di San Gimignano ai nostri piedi, pensavo: «Ma quando e come e perché sei cresciuta così? Eri piccola ieri e stamani ti sei alzata e sei una principessa che parte per il suo regno. È un imbroglio! Non mi hai dato il tempo neanche di trattenerti, di fermare il tempo come un Faust innamorato e incatenarti alla tua adolescenza. Neanche mi sono accorto che diventavi grande, bestia che sono».

Ecco, ho pensato: l'ho già persa. Sì, tornerà a casa (anche spesso, spero), ma ha la sua vita, soprattutto ha il suo destino e non sono io, non è casa mia. Dice mia moglie: «Che pizza che sei! Mica è morto nessuno. E poi Firenze è dietro l'angolo». Non è vero, non è questione di chilometri: la vita se ne va. Ogni giorno tutto se ne va. Anche se non ce lo diciamo: «Ma chi ci ha rigirati così / che qualsia quel che facciamo / è sempre come fossimo nell'atto di partire? Come / colui che sull'ultimo colle che gli prospetta per una volta ancora / tutta la sua valle, si volta, si ferma, indugia, / così viviamo per dir sempre addio» (Rilke).

C'est la vie. E, nella malinconia, lo struggimento dei quarantenni, quello che Péguy definiva «il loro segreto»: desiderare la felicità dei figli e sperare che l'impossibile per loro avvenga. Così arrivo a Firenze: i viali, via Capponi, di colpo una quantità di ricordi che si affastellano fra quelle strade. Le avventure e le facce dei tanti amici dei miei 20 anni che tutte assieme condivisero allora un'avventura cristiana viva. Condividemmo l'esperienza di sentirci guardati da Gesù.

Ad aspettare Caterina oggi ci sono altre facce giovani che accolgono le matricole organizzando per loro dei preziosi precorsi per i test di ammissione. Altre facce, che si richiamano a quella stessa esperienza. Che ne portano il nome. Quando chiedo a mia figlia se è persuasa, lei mi risponde con una disarmante felicità. Spero per lei che non sia solo la contentezza di una bella amicizia, perché le belle amicizie possono deludere o finire.

Giro l'angolo e mi trovo in piazza della Santissima Annunziata. Vado ad «affidare» mia figlia e il suo destino alla Regina del cielo: che la tenga lei sotto il suo mantello. Che sia lei l'amica, la sorella, la madre. Che sia il suo rifugio e la sua gioia, la sua maestra e la sua stella. L'unica che non delude. Anche quei ragazzi – pur come fragile segno – sono la sua risposta, sono come il concretissimo lembo del mantello di Maria, il suo abbraccio materno che raggiunge mia figlia. E che il Suo sguardo tenero vegli sempre sul cammino degli altri figli più piccoli e su tutti i figli del mondo. Qualunque cosa possa accadere negli anni che ci aspettano. Con questa preghiera per la ragazza di Nazaret, dentro la chiesa della SS. Annunziata decido di scrivere questo libro.

Mi colpisce una coincidenza. Esco dalla SS. Annunziata e mi trovo davanti San Marco, il convento domenicano dove è vissuto La Pira che faceva uno strano sillogismo: «Firenze è il centro del mondo, San Marco è il cuore di Firenze e il cuore di San Marco è l'Annunciazione del Beato Angelico. Dunque l'Annunciazione è il cuore del mondo».

Poi mi volto ancora e mi trovo davanti l'immensa cupola del Brunelleschi che – secondo Irving Lavin[5] – rappresenta il grembo di Maria gravido di Dio: «Nel ventre tuo si raccese l'Amore...».

Dovunque la gloriosa bellezza di Firenze non parla di un passato, fosse pure il passato cristiano che la Fallaci ricorda con struggimento nella *Rabbia e l'orgoglio*, ma mi parla di Colui che sta per arrivare e di Colei che lo porta in grembo. Oggi che se ne vergognano i cristiani, queste pietre lo gridano! Gridano il nome di Colui che è l'unico a dare senso alla vita e che il nostro cuore brama e che è già fra noi, custodito nel seno della Vergine. Lo desidera il cuore di tutti. Ma quanto doloroso è ancora il parto!

Perché «l'antica creazione alla nuova si oppone». Questa titanica lotta passa attraverso la nostra stessa carne e perfino attraverso le immani forze cosmiche della natura che «geme per le doglie del parto». Ho visto io all'età di sette anni – e ne conservo vivissimo il ricordo – la bella Firenze

---

[5] IRVING LAVIN, *Santa Maria del Fiore. Il Duomo di Firenze e la Vergine incinta*, Donzelli, Roma 1999.

sconvolta dalla furia dell'Arno (era il 4 novembre 1966), le sue meraviglie travolte, imbrattate di fango, dovunque detriti come in una città bombardata, la mirabile Santa Croce sommersa dall'acqua dentro le sue navate, e solo lo splendido Crocifisso di Cimabue (sopra l'altare centrale) che emergeva con il volto su quelle rovine. Struggente e pieno di pietà.

9 gennaio 2005. È sempre e solo il Suo volto crocifisso, quello sguardo che trabocca di compassione per le creature umane, a emergere dalla furia mortifera dell'«antica creazione». Come quella che in questi giorni, in un solo istante ha inghiottito 280 mila esseri umani nell'Oceano Indiano. O quella che si agita nelle profondità oscure della natura umana e distribuisce atrocità e terrore.

L'ho visto – quel crocifisso – a Siroki Brijeg, a 20 chilometri da Medjugorje, dove il 7 febbraio 1945 una banda di partigiani comunisti rastrellò i trenta frati francescani che trovò nel convento. Gridarono: «Dio è morto! Dio non c'è!». Li trascinarono nel cortile e pretesero l'abiura con l'oltraggio al crocifisso dell'altare scaraventato per terra. Pena la morte. Tutti i frati preferirono il Signore della vita. Furono torturati, massacrati uno a uno, buttati dentro una buca scavata nel terreno e bruciati. Sono andato dentro quella buca il 25 settembre 2004, ho toccato quelle pietre. Ma non era il sepolcro di 30 frati vinti, bensì vittoriosi.

Uno dei partigiani ha raccontato: «Quando mi sono trovato di fronte ai martiri di Siroki Brijeg e ho visto come quei frati hanno affrontato la morte, pregando e benedicendo i loro persecutori, chiedendo a Dio di perdonare le colpe dei loro carnefici, allora mi sono risuonate chiare le parole di mia madre e ho pensato: Dio c'è, Dio esiste».

Oggi quell'uomo si è convertito: ha un figlio sacerdote e una figlia suora. Oggi al convento di Siroki Brijeg regna la «Regina della Pace»: decine e decine di pullman ogni giorno vengono ad ascoltare padre Jozo Zovko che racconta il mistero di Medjugorje e parla alla folla tenendo in mano un crocifisso. Dal mare di sangue della storia emerge sempre il vincente, Lui, la nuova creazione[6].

Nel nostro Occidente dalla vita facile sembra quasi di non accorgerci dello tsunami di morte che ogni giorno aggredisce la dignità umana e la vita più indifesa, dell'alluvione di idiozia e banalità e non senso che c'invade e ci affoga l'anima. Sconvolge vedere le rovine materiali di una città come Firenze alluvionata, ma non ci accorgiamo delle rovine umane e morali fra cui spensieratamente galleggiamo ogni giorno e che oggi fanno dire ad André Glucksmann: «Ormai l'Europa vive senza Dio. L'Europa è il primo continente nella storia dell'umanità che non regola la condotta dei suoi cittadini su un codice religioso. Il male è più forte della fede»[7].

Io non so quali altre prove ci aspettano. Ma so che Gesù non è uno sconfitto. Lo sembrò anche quel sabato 8 aprile dell'anno 30, a Gerusalemme: sembrava che l'uomo di Nazaret inchiodato a un legno e morto fra orrendi strazi fosse stato sopraffatto definitivamente. Ma una grande battaglia lì si combatté. L'antico inno del *Victimae paschali* lo annuncia trionfante: «Mors et vita duello conflixere mirando / dux vitae mortuus regnat vivus» (la morte e la Vita si sono affrontate in un prodigioso duello, il Signore della vita era morto e ora regna, vivo»). È Lui il vincente. E non ci lascia soli, né lascia inascoltato il nostro grido.

Dice sua Madre a Medjugorje: «Non abbiate paura, perché io sono con voi anche quando pensate che non esiste via d'uscita e che Satana regna. Io vi porto la pace, io sono la vostra Madre e la Regina della pace. Vi benedico con la benedizione della gioia, affinché Dio sia tutto per voi nella vita» (25.7.1988).

---

[6] I frati e il popolo cattolico di quella terra hanno subito 400 anni di dominazione turca, con vessazioni, persecuzioni e torture inenarrabili, prima di conoscere il ciclone della violenza comunista che ha fatto di nuovo un mare di martiri anche a Medjugorje (vedi MVZ, pp. 13-31).

[7] In «La Stampa», 9.1.2005, p. 15.

È di questo Signore della Vita che parlano la Bella Ragazza[8] di Medjugorje e i tanti volti che se ne sono innamorati. Vuoi vedere la faccia di un cristiano? Sta in un altro verso di Rilke: «Così sempre distratto d'attesa, / come se tutto t'annunciasse un'amata».

Tutto parla di Lui. Perché «tutto è stato fatto per mezzo di Lui» (*Giovanni* 1, 10). E anche lo splendore del mondo – seppure avvelenato dal peccato e dalla morte – parla della Sua gloria. Ma credo che non ci sia alba, né tramonto, non ci sia firmamento, né fiore, né smeraldo, che raggiunga la bellezza di Colei che appare a Medjugorje:

«Cari figli, vi invito ad aprirvi a Dio. Vedete, figli, come la natura si apre e dona la vita e i frutti, così anch'io vi invito alla vita con Dio e all'abbandono totale a Lui. Figli miei, io sono con voi e desidero continuamente introdurvi nella gioia della vita. Desidero che ciascuno di voi scopra la gioia e l'amore che si trovano solo in Dio e che soltanto Dio può dare. Dio da voi non vuole nulla se non il vostro abbandono. Perciò, figlioli, decidetevi seriamente per Dio, perché tutto il resto passa, solo Dio rimane. Pregate per poter scoprire la grandezza e la gioia della vita che Dio vi dà. Grazie per aver risposto alla mia chiamata»[9].

---

[8] È l'espressione che si trova in un antico graffito di un pellegrino a Nazaret, nella basilica dell'Annunciazione dove si conservano tante testimonianze in greco e aramaico dell'amore per la Vergine. Questa scritta dice: «Qui sono venuto a venerare la Bella Ragazza».
[9] Messaggio del 25 maggio 1989.

Indice

Ringraziamenti e sigle dei libri più citati 7

Introduzione 9

Parte Prima
L'INDAGINE
Cosa veramente accade a Medjugorje?

1. Erzegovina, mercoledì 24 giugno 1981 15
2. Giovedì 25 giugno 1981 22
3. Venerdì 26 giugno 1981 28
4. Sabato 27 giugno 1981 33
5. Domenica 28 giugno 1981 44
6. Lunedì 29 giugno 1981 48
7. Martedì 30 giugno 1981 54
8. Mercoledì 1° luglio 1981 60
9. Giovedì 2 luglio 1981 64
10. Venerdì 3 luglio 1981 66
11. L'estate di Medjugorje 70
12. I segni e la persecuzione 76
13. La liberazione degli schiavi? 86
14. Inchiesta sui veggenti 89
15. L'indagine della scienza 98
16. Altri enigmi per la scienza 106
17. Due incredibili guarigioni 113
18. «Come fai ad essere così bella?» 117

Parte Seconda
LE PROFEZIE E LE PROVE

1. Attenzione alle date! 139
2. Profezie compiute e profezie da compiere 153
3. I dieci segreti 167
4. Un segreto sull'Italia? 182
5. Le piaghe d'Egitto? 191

Parte Terza
LA MIA SPERANZA

Appunti di viaggio 205

PIEMME **BESTSELLER**

1. Michael Connelly, *Lame di luce*
2. Jennifer Weiner, *Buonanotte baby*
3. Ian Caldwell - Dustin Thomason, *Il codice del quattro*
4. Suad, *Bruciata viva*
5. Geronimo Stilton, *Barzellette al top*
6. Kate Mosse, *I codici del labirinto*
7. Jack Whyte, *Io Lancillotto. Il cavaliere di Artù*
8. Candace Bushnell, *Lipstick Jungle*
9. Greg Iles, *Il progetto Trinity*
10. Guido Cervo, *La legione invincibile*
11. Anna Guglielmi, *Il linguaggio segreto del corpo*
12. Carol O'Connell, *La giuria deve morire*
13. Lauren Weisberger, *Al diavolo piace Dolce*
14. Michael Connelly, *Il poeta*
15. Lou Marinoff, *Platone è meglio del Prozac*
16. Lolly Winston, *Cioccolata per due*
17. Anthony De Mello, *Messaggio per un'aquila che si crede un pollo*
18. Fernando S. Llobera, *Il circolo di Cambridge*
19. Yann Martel, *Vita di Pi*
20. Sherry Argov, *Falli soffrire*
21. Michael Connelly, *La bionda di cemento*
22. Isabelle Filliozat, *Le emozioni dei bambini*
23. Robert Crais, *Il mercante di corpi*
24. Gordon Russell, *Il grande gladiatore*
25. Joanna Briscoe, *Vieni a letto con me*
26. Hernán Huarache Mamani, *Negli occhi dello sciamano*
27. Michael Connelly, *La memoria del topo*
28. Lauren Weisberger, *Il diavolo veste Prada*
29. Conn Iggulden, *Le porte di Roma*
30. Candace Robb, *La taverna delle ombre*
31. Graham Hancock, *Il mistero del sacro Graal*
32. Guido Cervo, *L'onore di Roma*
33. Alberto Ongaro, *La taverna del Doge Loredan*
34. Robert Eisenman - Michael Wise, *Manoscritti segreti di Qumran*
35. Dennis Lehane, *La casa buia. Gone Baby Gone*
36. Anthony Flacco, *La danzatrice bambina*
37. Valeria Montaldi, *Il mercante di lana*
38. Michael Connelly, *Musica dura*
39. Amanda Eyre Ward, *Non voltarti*
40. Jack Whyte, *Io Lancillotto. Il marchio di Merlino*
41. Emily Giffin, *Piccole confusioni di letto*

42. Trudi Birger, *Ho sognato la cioccolata per anni*
43. Corine Sombrun, *Il canto della sciamana*
44. Marcia Grad Powers, *La principessa che credeva nelle favole*
45. Andreas Beck, *La fine dei Templari*
46. Michael Crane, *La setta di Lazzaro*
47. Zecharia Sitchin, *L'altra Genesi*
48. Michael Connelly, *Ghiaccio nero*
49. Patrick Fogli, *L'ultima estate di innocenza*
50. Jennifer Weiner, *Brava a letto*
51. David Anthony Durham, *Annibale*
52. Gilles Paris, *Autobiografia di una zucchina*
53. Leila, *Murata viva*
54. Mohsin Hamid, *Nero Pakistan*
55. Michael Connelly, *Il buio oltre la notte*
56. Dalila Di Lazzaro, *Il mio cielo. La mia lotta contro il dolore*
57. Joseph Thornborn, *Il quarto segreto*
58. Lou Marinoff, *Le pillole di Aristotele*
59. Leah Stewart, *Caffè con panna*
60. Guido Cervo, *Il legato romano*
61. Antonio Socci, *Mistero Medjugorje*
62. Polly Williams, *Vita bassa e tacchi a spillo*
63. Marco Bettini, *Pentito. Una storia di mafia*
64. Claudio Paglieri, *Domenica nera*
65. David Camus, *Il cavaliere della Vera Croce*
66. Tiziana Merani, *Devo comprare un mastino*
67. Steve Nakamoto, *Gli uomini sono pesci*
68. Donya al-Nahi, *Nessuno avrà i miei figli*
69. Michael Connelly, *Debito di sangue*
70. Susan Jane Gilman, *Ragazze non troppo perbene*
71. Lionel Shriver, *Dobbiamo parlare di Kevin*
72. Eric Giacometti - Jacques Ravenne, *Il rituale dell'ombra*
73. Candace Bushnell, *New York Sexy*
74. Greg Iles, *La regola del buio*
75. Jack Whyte, *Io Lancillotto. Il destino di Camelot*
76. Diaryatou, *La schiava bambina*
77. Robert Eisenman, *Giacomo il fratello di Gesù*
78. Michael Connelly, *Utente sconosciuto*
79. Conn Iggulden, *Il soldato di Roma*
80. Siba Shakib, *Afghanistan dove Dio viene solo per piangere*
81. Robert Crais, *La prova*
82. Debra Dean, *Le madonne dell'Ermitage*
83. Hyok Kang, *La rondine fuggita dal paradiso*
84. Massimo Polidoro, *Etica criminale. Fatti della banda Vallanzasca*
85. Isabelle Filliozat, *Fidati di te. Migliora l'autostima per essere a tuo agio sempre*
86. Valeria Montaldi, *Il signore del falco*
87. Hernán Huarache Mamani, *La profezia della curandera*

88. Michael Connelly, *Il ragno*
 89. Anosh Irani, *Il bambino con i petali in tasca*
 90. Marco Salvador, *Il longobardo*
 91. Elizabeth Buchan, *La rivincita della donna matura*
 92. Candace Robb, *Il saio nero*
 93. Guido Cervo, *Il segno di Attila*
 94. Carol O'Connell, *La bambina di casa Winter*
 95. Alberto Ongaro, *Il ponte della solita ora*
 96. J.R. Moehringer, *Il bar delle grandi speranze*
 97. Michael Connelly, *L'ombra del coyote*
 98. Ugo Barbàra, *Il corruttore*
 99. Harold G. Moore - Joseph L. Galloway, *Eravamo giovani in Vietnam*
100. Carla Maria Russo, *La sposa normanna*
101. Vauro Senesi, *Kualid che non riusciva a sognare*
102. Jennifer Weiner, *A letto con Maggie*
103. Jack Whyte, *Io Lancillotto. Il sogno di Ginevra*
104. Jacqueline Pascarl, *La principessa schiava*
105. Toby Young, *Un alieno a Vanity Fair*
106. Thomas Healy, *Ti presento Martin*
107. Guido Cervo, *Le mura di Adrianopoli*
108. James D. Tabor, *La dinastia di Gesù*
109. Emily Giffin, *A prova di baby*
110. Kathleen McGowan, *Il vangelo di Maria Maddalena*
111. Aline Baldinger-Achour, *Le grandi religioni spiegate ai miei figli*
112. Robert Crais, *L.A. killer*
113. Gianni Palagonia, *Il silenzio*
114. Jonathan Kwitny, *L'uomo del secolo*
115. Clare Sambrook, *Harry non ha paura*
116. Patrick Fogli, *Lentamente prima di morire*
117. Michael Connelly, *La città delle ossa*
118. Franco Scaglia, *L'oro di Mosè*
119. Joseph Thornborn, *L'ultima rivelazione*
120. Zecharia Sitchin, *Spedizioni nell'altro passato*
121. Lolly Winston, *Felicità senza zucchero*
122. Jack Whyte, *Saint-Clair. I custodi del codice*
123. Michel Benoît, *Il tredicesimo apostolo*
124. Conn Iggulden, *Cesare padrone di Roma*
125. Dinaw Mengestu, *Le cose che porta il cielo*
126. George Pelecanos, *Il giardiniere notturno*
127. Amy Scheibe, *A spasso con Jennifer*
128. Gordon Russell, *La notte del gladiatore*
129. Hamida Ghafour, *Il paese di polvere e di vento*
130. Laura Fitzgerald, *Colazione da Starbucks*
131. Bob Berkowitz, *La nuda verità*
132. Tony Sloane, *Legionario*
133. Justine, *Ho deciso di non mangiare più*

134. Conn Iggulden, *La caduta dell'aquila*
135. Andrew Crofts, *Il fabbricante di sogni*
136. Alexandra Ripley, *Rossella*
137. Claudio Paglieri, *Il vicolo delle cause perse*
138. Susan Jane Gilman, *Non volevo il vestito bianco*
139. Deborah Rodriguez, *La parrucchiera di Kabul*
140. Jim Dwyer - Kevin Flynn, *102 minuti*
141. Michael Connelly, *Vuoto di luna*
142. Els Quaegebeur, *Io sono l'altra*
143. Harry Bernstein, *Il muro invisibile*
144. Ariana Franklin, *La signora dell'arte della morte*
145. Lesley Downer, *L'ultima concubina*
146. Dalila Di Lazzaro, *L'angelo della mia vita*
147. Daoud Hari, *Il traduttore del silenzio*
148. Richard Maun, *Il mio capo è un bastardo*
149. Jack Whyte, *La pietra del cielo*
150. Khaled Hosseini, *Il cacciatore di aquiloni*
151. Candace Robb, *La mano del traditore*
152. Siba Shakib, *La bambina che non esisteva*
153. Carol O'Connell, *Susan a faccia in giù nella neve*
154. Dalia Sofer, *La città delle rose*
155. Jo Nesbø, *Il pettirosso*
156. Pascal Khoo Thwe, *Il ragazzo che parlava col vento*
157. Carlo Maria Martini, *Le tenebre e la luce*
158. Jennifer Weiner, *Letto a tre piazze*
159. Guido Cervo, *Il centurione di Augusto*
160. Kate Jacobs, *Le amiche del venerdì sera*
161. Michael Connelly, *Il poeta è tornato*
162. Anthony De Mello, *Istruzioni di volo per aquile e polli*
163. Syrie James, *Il diario perduto di Jane Austen*
164. Zecharia Sitchin, *Il giorno degli dei*
165. Jacqueline Pascarl, *Solo per i miei figli*
166. Khalil Gibran, *Quando l'amore chiama, seguilo*
167. Randa Jarrar, *La collezionista di storie*
168. Jack Whyte, *La spada che canta*
169. Candace Bushnell, *Bionde a pezzi*
170. Malika Bellaribi, *La bambina con i sandali bianchi*
171. Alfredo Colitto, *Cuore di ferro*

Per l'elenco completo
e per maggiori informazioni,
visita il sito: www.piemmebestseller.it